L'HISTOIRE SECRÈTE DES BALLETS RUSSES

DU MÊME AUTEUR

AUX ÉDITIONS DU ROCHER

Les Tsarines, les femmes qui ont fait la Russie, 2000.

CHEZ D'AUTRES ÉDITEURS

De Raspoutine à Poutine, les hommes de l'ombre, Perrin-Mémorial de Caen, 2001.

Le Retour de la Russie (en collaboration avec Michel Gurfinkiel), Odile Jacob, 2001.

Le Triangle russe, Plon, 1999.

Les Deux Sœurs ou l'art d'aimer, Lattès, 1997.

Le Département du diable, Plon, 1996.

Les Égéries romantiques (en collaboration avec Gonzague Saint-Bris), Lattès, 1995.

Les Égéries russes (en collaboration avec Gonzague Saint-Bris), Lattès, 1993.

Histoire secrète d'un coup d'État (en collaboration avec Ulysse Gosset), Lattès, 1991.

Histoire de la diplomatie française, Éditions de l'Académie diplomatique, 1985.

PRÉLUDE

C'était une de ces soirées brillantes et utiles dont Monaco a le secret. Sous les lustres et les ors des grands salons d'un palace, les invités avaient payé cher le droit de s'asseoir sur les inconfortables petites chaises dorées qui entouraient les tables juponnées de rose et fleuries de pivoines. Le bal était donné au profit des œuvres de la Croix-Rouge monégasque.

Une célèbre cantatrice avait inauguré la soirée en chantant Donizetti. Parmi l'honorable assistance, les représentants de la famille princière attiraient tous les regards. On remarquait aussi plusieurs actrices de cinéma, des footballeurs et des coureurs automobiles qui volaient la vedette aux notabilités locales.

Comment aurais-je pu deviner, en nouant avec soin le nœud de mon smoking quelques heures plus tôt, que j'allais faire l'une des rencontres les plus marquantes de ma vie ?

La soirée battait son plein. Un peu isolé au milieu de cette foule qui s'amusait, j'hésitais à partir quand je vis se diriger vers moi une de mes amies, lady Durlacher, une aristocrate anglaise d'origine russe, accompagnée d'une fort jolie personne.

– Cher Volodia, me dit-elle, je voudrais vous présenter Madame Karsavina…

Avec le sûr instinct des femmes qui se savent belles et admirées, elle ajouta d'une manière redoutablement directe :

– Je crois que vous vous ennuyez autant que nous. Que diriez-vous si je vous priais d'enlever Madame Karsavina et de la raccompagner ? Mon chauffeur a disparu.

Inutile de dire que je m'inclinai, secrètement ravi d'une occasion si rare de rencontrer une des figures les plus mystérieuses et les plus attirantes des ballets russes. Dûment prévenue de l'exiguïté de mon cabriolet, elle ne fit qu'en rire et me pria de lui offrir mon bras sans autre forme de procès.

C'est ainsi que je devins le cavalier impromptu de la plus délicieuse des danseuses mythiques de Diaghilev. Le parfum ambré de sa villa, délicat assemblage de fleurs blanches, me saisit d'emblée. Il semblait venir de très loin et je savais déjà que je ne l'oublierais pas. Nous nous installâmes dans le salon dont elle demanda qu'on ouvrît les fenêtres. Elle me fit remarquer au large les lumières du yacht royal de la famille d'Angleterre, au mouillage pour la nuit. Elle le fit avec d'autant plus de fierté qu'elle avait été pendant de longues années la présidente de l'Académie royale de danse de l'Empire britannique.

Sous la fourrure qu'elle avait jetée sur ses épaules, un diamant brillait de toutes ses facettes. Cette pierre lui avait jadis été offerte par le tsar Nicolas II, ainsi quelques rares artistes du théâtre Mariinski bénéficièrent-ils de présents de prix pour des « performances exceptionnelles ».

Au gré de ses souvenirs et de ses émotions, madame Karsavina passait sans s'en apercevoir du russe à l'anglais puis au français, avec une aisance déconcertante. Je m'habituai vite à la suivre, passionné par l'aventure extraordinaire qu'elle me racontait. L'histoire des Ballets russes et d'un homme qu'elle allait appeler « le tsar des Ballets », Serge Diaghilev.

De temps à autre, elle s'interrompait, me demandant si je n'en avais pas assez. Mais je ne me lassais pas de l'entendre évoquer des souvenirs qui faisaient monter de brusques rougeurs à ses joues pâles et faisaient briller d'un éclat singulier ses magnifiques yeux. Durant cette soirée, elle me conta la « passion » des Ballets russes.

Craignant de la fatiguer, je lui proposai de revenir entendre la suite le lendemain soir. Et c'est ainsi que, en quelques soirées inoubliables, elle me dit toute l'histoire. Le deuxième soir, elle avait préparé près d'elle un portefeuille de maroquin bleu très usé. À son invite, je lus, avec l'émotion que l'on devine, des lettres de Diaghilev adressées à Tamara Karsavina. Puis elle me montra d'une main qui tremblait un peu une petite aquarelle, son portrait à l'âge de dix-sept ans.

Un autre soir, son chauffeur nous emmena dans une longue limousine jusqu'à une propriété voisine où elle me fit découvrir, au fond du verger, le cabanon oriental dans lequel Diaghilev et Nijinski aimèrent bavarder en 1912.

Quand madame Karsavina eut achevé son récit, j'eus l'impression pour la première fois qu'elle était un peu lasse, presque essoufflée, comme après une longue course. J'avais quelques remords de l'avoir obligée à dévider ainsi pour moi le fil de son histoire. Mais elle sut trouver les mots pour apaiser mes scrupules :

– Les gens des ballets ont souvent entendu des bribes de cette histoire longue et mouvementée. Aussi fallait-il peut-être que quelqu'un d'étranger à ce milieu, comme vous, me prête une oreille aimable et attentive.

Le destin de cette femme fut effectivement extraordinaire. Sœur du philosophe russe Lev Karsavine, elle étudia la danse à l'École théâtrale de Saint-Pétersbourg, qu'elle termina en 1902.

Encore élève, elle interpréta le rôle de l'Amour dans la première de *Don Quichotte* et fut éblouissante. L'art de Karsavina se forma à l'époque du déclin de l'académisme. Elle ne devint d'ailleurs jamais une danseuse classique accomplie, et les adeptes des traditions du XIXe siècle lui reprochaient bien des imperfections techniques. Elle sut cependant y remédier. Ayant débuté dans des petits rôles de caractère, Karsavina passa progressivement à des rôles principaux. Mais ce fut seulement dans les ballets de Michel Fokine qu'elle donna toute la mesure de son talent. Danseuse intelligente, elle apportait un fondement constructif aux envolées impressionnistes de ce chorégraphe avec qui elle se serait mariée si sa mère ne s'était pas opposée à cette « mésalliance ». Elle inaugura un nouveau style d'interprétation chorégraphique, style qui fut plus tard appelé « art intellectuel », avant de devenir une des danseuses emblématiques de Diaghilev. Selon lui, Tamara était une des deux ou trois femmes qu'il aurait put aimer.

Cette jeune danseuse, pourtant si sensuelle, ne se laissait pas envahir par la frénésie des passions et des sentiments. Son jeu nuancé, propre à l'impressionnisme, n'était pas un but en soi, mais lui servait à incarner des valeurs éternelles.

Au moment de cette rencontre mémorable, j'étais encore très jeune, mais le destin a voulu que l'histoire des Ballets russes m'accompagnât tout au long d'une vingtaine d'années de carrière diplomatique. Picasso et Chagall abordèrent le sujet en ma présence, Dali raconta ses rencontres avec Massine, lorsque nous nous rencontrâmes pour préparer sa première exposition à Moscou ; sans oublier Serge Lifar et Rudolf Noureev qui évoqua les chemins sinueux parcourus par Diaghilev – en parallèle avec son propre destin – à l'occasion de son retour dans son pays avec l'aval de Gorbatchev en 1987.

Ce livre est un hommage à ces créateurs d'exception liés aux Ballets russes. J'ai longuement hésité à mettre en lumière ces bribes de conversations consignées dans mon journal depuis plus de trente ans. Puis un jour, pendant les fêtes de Noël, le déclic se fit. C'était en 1999.

À la veille des festivités du troisième millénaire, les journaux du monde entier publièrent leur propre liste des personnalités les plus marquantes du XXe siècle. Parmi elles, *Le Figaro* cita douze grandes figures directement liées aux Ballets russes, de Picasso à Satie, de Nijinski à Stravinsky. Les journaux allemands en citèrent quinze et les journaux russes, quatorze. Aucun, cependant, ne mentionna Diaghilev. J'en fus révolté, d'autant plus que les personnalités citées, Picasso le premier, considérait Serge Diaghilev comme la figure décisive de l'histoire artistique du XXe siècle.

LA JEUNESSE RUSSE

Après avoir lancé à Saint-Pétersbourg une campagne visant à ouvrir son pays aux courants artistiques d'avant-garde en 1900, celui qui avait baisé la main de la sœur de Glinka dans son enfance et été bercé par les romances de « son oncle Tchaïkovski » allait devenir le chef incontesté, le « tsar », le Pygmalion des Ballets russes, et effectuer une véritable rénovation de la danse.

Doté d'un fort tempérament slave, il resta toute sa vie fidèle à sa patrie, bien qu'il dût la quitter. Et, parcourant le monde pour y apporter des frissons nouveaux, il fut un extraordinaire promoteur de l'art qui semblait toujours répondre aux seuls ressorts de son propre plaisir.

En transformant ses ballets en spectacles d'art complet, Diaghilev sut associer à la danse les grands artistes du moment. Révélateur de sensibilités et de talents, il ne fut jamais trompé par son instinct.

Voici le portrait qu'en a fait S. Chtcherbatov, homme peu enclin à le flatter, étant donné la différence de leurs personnalités :

« Malgré le sourire qui ne quittait pas son visage, il émanait de Diaghilev une sorte de froideur et de fatuité immense.

Sans aucun doute, c'était une figure marquante et brillante, grâce à ses dons si divers. Il était richement doué musicalement, sensible à la beauté dans toutes ses manifestations, connaisseur en musique, chant, peinture, grand amateur de théâtre, opéras, ballets ; c'était un organisateur habile, plein d'initiative, un travailleur infatigable qui savait stimuler les gens au travail, se servir d'eux en prenant d'eux juste ce qu'il fallait, faire s'épanouir les talents, les charmer, tout en les attirant, qui savait aussi bien se séparer des gens sans pitié aucune que les exploiter.

C'était un chef véritable, un dirigeant aux penchants de dictateur, qui connaissait sa valeur.

Il ne tolérait rien, ni personne, qui pût se mettre en travers de son chemin et rivaliser avec lui. »

Enveloppant, insinuant, cruel et désagréable, cordial, dévoué et soudain incertain, exigeant et capricieux, audacieux jusqu'à l'insolence et l'arrogance, intime et cajoleur, il pouvait avoir des amis et des admirateurs, mais il ne pouvait pas inspirer un sentiment neutre de sympathie, il pouvait être charmeur et rebutant, mais il n'était ni sympathique ni antipathique.

Figure complexe et accusée, il savait louvoyer au milieu des intrigues, jalousies, calomnies et potins dont le monde artistique foisonne.

Tel était en effet le personnage de Serge Diaghilev, pétri de contradictions.

Né à Perm, au cœur de la Russie, en 1872, Serge appartenait à une famille aisée. Son grand-père, Pavel, fut un homme étonnant. Véritable force de la nature, travailleur infatigable, il avait jadis eu la lumineuse idée de vendre de la vodka pour remplir les caisses de l'Église. Plus tard, il devint un évêque orthodoxe en vue.

Pavel Diaghilev eut quatre garçons et quatre filles.

L'aînée, Anna (1837-1912), avait épousé Vladimir Dimitrievitch Filossofov, « conseiller privé de la Couronne » (titre important des fonctions administratives tsaristes), dont la famille descendait de saint Vladimir. Quand dans les années 1860 se propagea un mouvement de libéralisme, Anna devint une ardente militante du droit des femmes et s'occupa des affaires sociales. À cette époque, elle s'associa aux *Peredvijiinki*, un groupe de peintres appelés « ambulants » parce qu'ils promenaient leurs œuvres à travers le pays. Ceux-ci prétendaient dépoussiérer l'art académique pour qu'il devienne plus humain, compréhensible aux gens simples.

Après l'assassinat d'Alexandre II en 1881, son héritier Alexandre III, retourné au conservatisme de Nicolas Ier, détestait Anna Filossofov ainsi que tout ce qu'elle représentait, aussi l'exila-t-il.

Pavel Pavlovitch Diaghilev (1849-1914), frère cadet d'Anna, militaire affable et volontaire, était le père de Serge. Ce général des chevaliers-gardes était aussi musicien à ses heures et possédait une bonne voix.

Ainsi Serge hérita-t-il de l'originalité de son grand-père et de sa tante ; de son père il reçut l'amour de l'art et de la musique.

Petit-neveu par alliance de Tchaïkovski, Serge Diaghilev devait son premier éveil artistique à ce compositeur de génie bien avant qu'il fût populaire. Sa musique allait avoir sur le petit garçon un effet profond et même décisif à tel point que Serge n'oublia jamais son voyage initiatique chez l'« oncle Petia », dans sa propriété de Klin, bordée de bois de bouleaux. Jusqu'à la fin de ses jours, il se réconforta en écoutant ses mélodies.

Sa mère étant morte en le mettant au monde, son père se remaria avec Elena Panaïeva. Serge chérit cette marâtre, la désignant comme « la meilleure des femmes au monde ». Bientôt, à son initiative, le domaine seigneurial familial de Perm se dota d'un opéra privé, pour le grand plaisir du petit Serge qui devait apprendre plus tard l'art de la composition avec un des plus grands musiciens de son époque, Rimski-Korsakov.

Si Diaghilev caressait toujours l'idée d'embrasser une carrière musicale, son père l'encouragea néanmoins à suivre des études de droit à Saint-Pétersbourg. En effet, même s'il n'avait pas l'intention de devenir avocat, un diplôme de droit lui donnait la possibilité d'obtenir un poste doté d'un salaire confortable, dans l'administration. Même des compositeurs chevronnés ne dédaignaient pas cette pratique. Moussorgski, par exemple, avait travaillé dans les services du ministère des Communications, Tchaïkovski au ministère de la Justice.

Ainsi Diaghilev arriva-t-il dans la capitale en 1890. D'emblée il aima cette ville, ses maisons jaunes, roses, bleu ciel, vertes ou grises, l'immense perspective Nevski s'étirant à perte de vue en une double ligne de palais, d'hôtels et d'églises, ses canaux argentés, ses nuits blanches.

En ce temps-là, Saint-Pétersbourg était une grande ville bruyante. Les tramways allaient commencer à apparaître, succédant aux fiacres dans lesquels Tchaïkovski avait jadis pris place. Dans les rues, l'éclairage électrique remplaçait les réverbères à gaz.

En septembre, les Russes des nobles familles rentraient de leurs propriétés. On voyait défiler des cortèges de carrioles ou de voitures provenant des îles avoisinant Saint-Pétersbourg, chargées de meubles, de vaisselle et d'objets divers. Les théâtres impériaux et les universités rouvraient alors leurs portes.

Les études de droit ne semblaient guère intéresser le jeune Serge. D'ailleurs, comme nous l'avons vu, elles étaient plutôt un prétexte qu'un but en soi et il leur préférait volontiers les promenades dont l'itinéraire passait immanquablement à travers le zoo (parce que son idole Tchaïkovski s'y rendait souvent pour regarder s'ébattre les oursons). Il aimait aussi se rendre dans les théâtres dont il goûtait l'ambiance avec délice, en particulier quand la salle s'obscurcissait et que le chef d'orchestre sortait de terre, tapant le bord du pupitre avec sa baguette avant de faire monter vers le rideau cramoisi qu'éclairaient les feux de la rampe une musique suave.

Le jeune Serge n'était pas encore un féru de danse classique, mais il était transporté par les évolutions aériennes des artistes, les dimensions imposantes du plateau et le décor pastoral qui s'y trouvait planté. De ses visites au théâtre Mariinski, il gardait l'impression d'une véritable fête. À l'entracte, son oncle faisait apporter du champagne et des chocolats dans un petit salon attenant à sa loge. Commençaient alors d'interminables conversations entre balletomanes.

La passion de la danse ranimait la traditionnelle rivalité entre Moscou et Saint-Pétersbourg allant jusqu'à prendre, en l'occurrence, le caractère d'un conflit ouvert. Tandis qu'à Saint-Pétersbourg, l'opinion supputait que les danseurs de Moscou sacrifiaient la tradition à des effets faciles, les artistes pétersbourgeois étaient, à l'inverse, accusés de pousser trop loin leur technique au détriment de la grâce et de l'élégance.

Chacune de ces deux villes possédait son école de ballet, placée sous le haut patronage du tsar. Après l'examen, leurs élèves devenaient de véritables fonctionnaires de la danse. Commençait alors pour eux une brillante carrière, grisante, traversée d'intrigues, de triomphes et de désillusions.

Pour l'heure, la vie du jeune Diaghilev était encore loin de ce milieu artistique.

Logé chez sa tante Anna Filossofova, au cœur même de la capitale impériale, Diaghilev partageait sa chambre avec son cousin Dimitri, un « beau jeune homme svelte, marqué par une tristesse infinie dans le regard » avec qui il avait longtemps entretenu des relations épistolaires. Cette promiscuité allait engendrer une longue et tendre amitié entre les deux garçons. Il avait dix-neuf ans et leur liaison allait durer quinze ans.

Depuis son plus jeune âge, Noël était la période de l'année préférée de Diaghilev. S'il en avait au fil des ans apprécié les fastes à Perm, cet hiver 1890 allait lui offrir le plus beau spectacle qu'il ait jamais vu.

Noël était un moment singulier à Saint-Pétersbourg, il y avait une sorte d'apaisement. La ville était obscure et insolite. Un service avait lieu dans toutes les églises et les cathédrales avec ses processions théâtrales, ses prêtres arrivant par groupes de deux, la toque de velours sur la tête, les diacres et les garçons d'autel en vêtements de brocart. Enfin, la chasuble richement ornée, s'avançait le métropolite.

Ainsi, Diaghilev, accompagné de Dimitri, découvrit-il, en amoureux, « son Noël » dans la capitale...

Tandis qu'ils écoutaient le chœur, les chandelles s'éteignirent peu à peu, plongeant l'église dans l'obscurité. L'odeur de cire rappela à Serge celle des chandelles des sapins de Noël de son enfance ainsi que le parfum envoûtant de l'arbre décoré d'anges de papier doré et d'étoiles, parsemés d'une pluie de paillettes d'argent. Cette passion pour la fête de Noël allait d'ailleurs devenir presque obsessionnelle à la fin de sa vie.

Dès son arrivée à Saint-Pétersbourg, Serge chercha – comme il se plaisait à le faire remarquer – à « façonner » son destin, à trouver sa véritable voie dans la vie, en comblant tout d'abord les lacunes de son éducation provinciale. C'est d'ailleurs grâce à l'influence salutaire de Dimitri Filossofov qu'il parvint, avec une promptitude peu commune, non seulement à rattraper son retard sur les Pétersbourgeois de sa génération, mais à les dépasser.

Dimitri introduisit son cousin chez Alexandre Benois, jeune homme brillant, esthète, issu d'une famille d'architectes et de peintres. D'origine française et allemande par son père, et vénitienne par sa mère, Benois, depuis son enfance, avait été entouré d'artistes de toutes disciplines. Il réunissait dans l'exquis appartement de ses parents un « cercle de poètes », des jeunes gens pour la plupart étudiants et amateurs d'art, cherchant à élargir leurs connaissances. Dévorés par une soif immense de recherche, ceux-ci étaient tous hantés, comme cela se disait à l'époque, « par les problèmes de la création et de la définition de la Beauté ». Ils avaient le sentiment de former une assemblée d'êtres particuliers, uniques et exceptionnels, appelés à transformer le goût esthétique de la société russe.

Alexandre Benois, Choura pour les intimes, présidait donc cette société dont les réunions hebdomadaires se déroulaient au milieu de tableaux de maîtres et d'objets de collection variés, dans une atmosphère très libre et détendue où la bonne humeur et la plaisanterie étaient de rigueur. Ainsi y faisait-on des conférences sur les grands maîtres de la peinture et de la musique. Un des piliers de cette joyeuse compagnie était un étudiant pauvre, Léon Rosenberg. Mais celui-ci allait entrer dans l'histoire du XXe siècle sous le nom de son grand-père, Bakst. L'expert musical du groupe était Walter Nouvel.

Diaghilev reçut un accueil mitigé au sein de cette petite communauté. D'apparence fraîche et saine, les joues roses, il riait souvent comme un enfant, sous n'importe quel prétexte, découvrant deux rangées de dents blanches. Au début, avec ses inévitables nœuds papillons, le « beau Serge » avait été perçu comme un grand gaillard, bon vivant, pas très intelligent et plutôt superficiel. Il se tenait d'ailleurs quelque peu à l'écart de ces étudiants plus éveillés et cultivés. Agacés par son attitude distante, ses sautes d'humeur et ses goûts bizarres, les membres de ce cercle le supportaient, à vrai dire, au seul titre de parent de leur ami Dimitri Filossofov. D'autre part, son homosexualité, si elle avait développé sa sensibilité et son raffinement excessif, ne facilitait pas ses relations à Saint-Pétersbourg, même si les amitiés particulières étaient assez bien acceptées dans ce milieu.

Serge était effectivement attiré par les hommes. Il n'eut qu'une fois des rapports sexuels avec une femme, qui se soldèrent par une infection. Aussi ne renouvela-t-il plus jamais l'expérience avec le beau sexe.

Le printemps 1891 arriva. La nature reprit soudainement vie, attirant les citadins en dehors de leurs maisons et à la campagne. Ainsi Alexandre Benois eut-il l'occasion de découvrir un autre Diaghilev. Alors qu'ils étaient en visite chez la mère de Walter Nouvel, non loin de Saint-Pétersbourg, les deux garçons fatigués par leur promenade décidèrent de s'arrêter. Allongés sur l'herbe douce d'un verger en fleurs, ils fixaient le ciel bleu sans nuages, écoutant les chants étouffés des paysans au loin. Après un long moment de silence, Alexandre Benois s'engagea dans un long discours sur l'art, trop hermétique sans doute pour le goût de son interlocuteur. En guise de réponse Diaghilev se jeta sur lui en riant et lui asséna quelques coups de poing dignes de

Tarass Boulba. Effrayé par cette puissance formidable, Benois constata ce jour-là que Serge, son cadet de deux ans, était beaucoup plus fort que lui. Il se souviendra toute sa vie de cette scène préfigurant leurs rapports futurs, car Diaghilev prendra plus tard le dessus sur lui.

Une nouvelle étape de l'évolution intérieure de Diaghilev fut marquée par son premier voyage à l'étranger durant l'été 1891, couronnant son idylle avec Filossofov.

Élégants et distingués, les deux jeunes gens furent remarqués à Berlin, à Paris ou à Venise où ils furent photographiés dans une gondole, à Rome, puis à Vienne où ils écoutèrent Wagner.

Diaghilev voyait tout, entendait tout, saisissait tout, examinait, comparait. Son intuition, sa sensibilité et sa mémoire phénoménale lui permirent d'assimiler à une allure vertigineuse un nombre incalculable de chefs-d'œuvre pour ne jamais les oublier. D'une constitution puissante, le front haut, l'œil observateur, visionnaire, il était fier de sa ressemblance avec Pierre le Grand dont il avait l'âme de dictateur.

« Il possédait une mémoire visuelle exceptionnelle, un flair iconographique qui nous étonnaient tous, témoigna le peintre Igor Grabar, son condisciple à l'université. Rapide, péremptoire dans ses jugements, il se trompait bien entendu, mais il se trompait bien moins souvent que les autres et pas non plus irrémédiablement. »

À son retour, ayant reçu un petit héritage, Serge quitta l'appartement de sa tante Filossofova et s'installa 45, Liteiny Prospekt, toujours dans le centre de Saint-Pétersbourg. Il y fit venir sa vieille nounou et Vassili Zuikov, son fidèle serviteur moustachu qui, pendant de longues années, remplira les rôles de garde du corps, de confident et d'homme à tout faire.

Continuant à partager sa vie entre la Russie et l'étranger, Serge utilisa astucieusement sa fortune et acheta de nombreux tableaux et meubles de valeur, à Paris, en Hollande, en Allemagne et surtout en Italie où il s'offrit une toile de Puvis de Chavannes, quelques esquisses de Dagnan-Bouveret et des croquis des portraits de Bismarck et Böcklin par Lenbach, deux dessins de Menzel, quelques dessins de Liebermann, des aquarelles de Hans Bartels et Hans Hermann, ainsi qu'un grand tableau de l'Aneth de Ludwig. Il acquit également une belle table Renaissance et une série de chaises estampillées Jacob.

À Paris, il fit imprimer des cartes de visite au nom de « Serge de Diaghilew ». Dès lors, Français, Allemands, Italiens considérèrent comme un grand aristocrate ce Russe qui arborait un monocle, des vêtements bien coupés et menait grand train. La table de Diaghilev n'était pas moins prisée que celles du Medvyed, du Douzon ou du Cubat, les restaurants à la mode de la capitale de l'Empire, grâce à un savant mélange de cuisine française et de cuisine russe. Ses fameux zakouski qu'il faisait déposer sur des guéridons du XVIIIe siècle où abondaient caviar, truffes, filets de hareng marinés, anchois, olives, tranches de saucisson ou encore bœuf fumé dit d'Oural, étaient connus du Tout-Saint-Pétersbourg.

Il aimait s'exprimer dans un français parfait, faire venir ses cravates et chemises de la rue de la Paix, son champagne des caves d'Épernay.

De retour en Russie, il installa ses acquisitions dans son appartement pétersbourgeois et, à la manière des aristocrates français, ouvrit son salon.

Rêvant toujours d'exercer le métier de compositeur, il invita alors un public choisi à entendre des extraits de son opéra *Boris Godounov*, dans lequel il interprétait le rôle de Dimitri l'Imposteur. Mais ce fut « un fiasco si complet » qu'il renonça pour toujours à la composition. Lorsqu'on lui demanda plus tard quelle voix il possédait à cette époque, Diaghilev répondit humblement : « Très forte et très laide. »

Dès lors, il se consacra aux arts plastiques, parcourant les grandes villes européennes, visitant les galeries de peinture, les ateliers d'artiste, et envisageant même de fonder son propre musée. Cette ambition le mena au début de 1897 dans les salles de l'Académie des beaux-arts à Saint-Pétersbourg, où eut lieu la première de ses expositions, consacrée aux aquarellistes anglais et allemands.

Son succès dépassa toutes les espérances et encouragea Diaghilev à entreprendre dans la foulée une autre manifestation du même genre. Et, à l'automne de la même année, il présentait une deuxième exposition dédiée, celle-ci, aux peintres scandinaves. Particulièrement brillante, cette rétrospective confirmait sans équivoque la réussite personnelle de Diaghilev. Ses amis qui n'avaient voulu partager ni la responsabilité ni le risque matériel de cette entreprise furent une fois de plus épatés par ce jeune provincial qu'ils avaient autrefois considéré comme « primitif et pas très intelligent ».

Désormais, ses talents d'organisateur d'expositions, de rédacteur de revue, de brasseur d'affaires, n'allaient que s'accroître. Fort de cette réputation et grâce à son diplôme de droit, Diaghilev fut engagé au poste d'adjoint du directeur des Théâtres impériaux.

Si la peinture avait été un tremplin vers le succès, la danse allait lui donner la possibilité d'exercer tout son génie. Diaghilev se plongea donc dans les eaux troubles des ballets de la capitale russe dont le pilier était l'École impériale installée, rue des Théâtres, dans un palais immense et baroque entre la perspective Nevski et le canal Fontanka dans le quartier le plus prisé de Saint-Pétersbourg. La demeure datant du XVIIIe siècle était célèbre par ses murs à panneaux, ses pièces immenses, ses grands lustres de cristal.

Pierre le Grand s'était personnellement intéressé à la danse. En effet, ce grand tsar composait lui-même des ballets. Il y dansa et lança la mode de l'art chorégraphique à la cour. Cependant, la première tentative sérieuse en vue d'organiser une école de danse fut réalisée en 1735 par la tsarine Anna Ivanovna, à la demande de Christian Wellman, professeur de gymnastique à l'Académie impériale des cadets. Celui-ci reçut la permission de prendre douze garçons et filles, tous pauvres, et d'en faire des professionnels de la danse.

La tsarine fut si enchantée des résultats qu'elle mit toutes les dépenses de leur éducation et de leur entretien à la charge de l'État. Elle leur alloua même un de ses palais. Le premier directeur en fut un certain Landé, maître de ballet français. Ainsi les Russes purent-ils apprendre à la perfection l'art de la danse, parce que leurs tsars firent venir les meilleurs professeurs d'Europe et consacrèrent aux ballets des sommes considérables.

Catherine II réorganisa l'école en 1779, sur le modèle de l'Académie impériale des cadets qui devaient constituer le corps des pages. Elle éleva les premiers théâtres de pierre et ouvrit leurs portes au grand public.

Au début du XIXe siècle, le tsar Paul Ier rattacha l'École impériale à l'institut Smolny, établissement spécialisé destiné à l'éducation des jeunes filles des familles nobles. Charles-Louis Didelot, maître de ballet français, y fut invité à cette époque. Nous pouvons le considérer comme le père du ballet russe car il fut le premier à mettre en relief l'importance d'une éducation systématique et d'un esprit réellement dramatique.

« Un vrai danseur doit être aussi un bon acteur et avoir une âme de poète », disait-t-il. Grâce à lui, le ballet prit dans l'art russe la place prédominante qu'il ne perdit qu'à la révolution bolchevique. Il fut également le premier à inviter des *ballerines* étrangères à se produire au théâtre Mariinski. Dix ans après, le danseur français Marius Petipa prenait sa place.

MARIUS PETIPA, UN FRANÇAIS DE SAINT-PÉTERSBOURG

Cette participation française aux ballets russes au XIXe siècle témoignait des échanges multiples entre Paris, Moscou et Saint-Pétersbourg.

Lors de son voyage en Russie, Alexandre Dumas exprima sa surprise de découvrir un pays si immense où, cependant, il n'était pas dépaysé car il avait écrit un roman imaginaire dont l'action se déroulait entre Saint-Pétersbourg et la Sibérie. Le titre de cet ouvrage était *Maître d'armes*, mais il aurait aussi bien pu s'appeler *Maître de ballet*. D'ailleurs, pour le plus grand bonheur des voyageurs français, force était de constater que, chez les Russes cultivés, Lamartine, Victor Hugo, Balzac, Musset, George Sand et Dumas étaient aussi connus qu'à Paris. Que dire de Tolstoï, installé rue de Rivoli, ou de Gogol qui y acheva *Les Âmes mortes*, dans une chambre de la place Vendôme.

Aux côtés de ces grands écrivains, le maître de ballet Marius Petipa demeure une figure symbolique de ces va-et-vient franco-russes. Originaire de Marseille, il était arrivé en Russie en 1847 à l'âge de vingt-neuf ans, précédé d'une brillante renommée de danseur acquise en France, en Belgique, en Espagne, pour trouver à Saint-Pétersbourg une véritable gloire et la femme de sa vie, la danseuse russe Maria Sourovchikova. Depuis son premier engagement au théâtre Mariinski de Saint-Pétersbourg, il avait collectionné les triomphes et le tsar le tenait en haute estime. Toute la cour raffolait de ses interprétations comme de ses chorégraphies.

Son génie ne fut jamais à court d'inventions. Durant les soixante années qu'il fut membre du Théâtre impérial, il composa soixante ballets, en reprit dix-sept, et pourvut de ballets trente-sept opéras. Petipa ne fournit pas seulement un répertoire abondant au théâtre Mariinski, il élargit le vocabulaire de la danse en créant des pas innombrables. Grâce à lui, un des plus beaux fleurons de la chorégraphie française, *Giselle*, parvint jusqu'en Russie. Petipa fit renaître l'intérêt du public pour le ballet. À la fin des années 1870, cet art retrouva ses lettres de noblesse et de nouveau les troupes se produisirent à guichets fermés, aussi les théâtres en vinrent-ils à pratiquer le système de réservations et d'abonnements. De véritables dynasties de danseurs s'étaient constituées. Les danseurs se mariaient entre eux et faisaient de leurs enfants des danseurs...

Délégué en Russie par le gouvernement français, un danseur de l'Opéra de Paris, Louis Mérante, affirma que la troupe pétersbourgeoise était sans égale en Europe pour son niveau artistique, ses prouesses techniques et son interprétation, et que son école pouvait servir de modèle du genre. Cependant, l'œuvre de Petipa n'avait pas encore atteint son apogée. Il rêvait d'un grand ballet se développant dans une succession de scènes dansées et mimées. Une telle structure permettant de trouver de nouvelles formes d'expression chorégraphique.

En 1877, il monta *La Bayadère* de Ludwig Minkus. La chorégraphie était riche en pirouettes et en sauts, l'ensemble empreint d'une mélancolie libérée des passions terrestres. Ce fut après cette création qu'il amorça sa collaboration avec Tchaïkovski.

La rencontre des deux génies se fit à l'instigation d'Ivan Vsévolojsky, directeur des Théâtres impériaux, homme de goût et admirateur de l'art français. Ce fut d'ailleurs ce métissage artistique qui détermina son choix pour le sujet d'un nouveau ballet, *La Belle au bois dormant*, un conte français sur une musique de Tchaïkovski. Ouvrant des possibilités nouvelles pour la danse classique, le projet aboutit en 1890 à la création d'une œuvre unissant une partition d'une extraordinaire richesse et une chorégraphie raffinée. Petipa prépara des notes détaillées pour le compositeur. Il avait déjà employé cette méthode auparavant mais le résultat ne fut jamais aussi extraordinaire qu'avec Tchaïkovski. Le compositeur termina le prologue et les deux premiers actes du ballet avant une tournée à Londres en 1889, et à la fin du mois de juillet, il avait fini l'orchestration, qu'il jugeait une de ses meilleures œuvres. Il avait écrit le tout en quarante jours…

L'intérêt de Diaghilev pour l'art chorégraphique s'était révélé à l'occasion d'une représentation de *La Belle au bois dormant* en 1893.

Plus tard, Alexandre Benois écrivit : « Tchaïkovski semblait ouvrir des portes à travers lesquelles je m'enfonçais de plus en plus dans le passé. Le passé devint plus proche encore et plus aisé à comprendre que le présent. La magie de la musique me convainquit que j'étais rentré chez moi. Mon exaltation devant *La Belle au bois dormant* me ramena à la danse et je communiquai ma passion à tous mes amis. Je suis certain que si je n'étais pas tombé follement amoureux de *La Belle au bois dormant* et si je n'avais pas transmis mon enthousiasme autour de moi, il n'y aurait eu ni Ballets russes, ni l'engouement pour la danse qu'ils suscitèrent. »

Il est vrai que ce ballet fut un succès populaire ; lors de sa création, les Pétersbourgeois, dit-on, se saluaient non plus d'un « Bonjour ! », mais d'un « Avez-vous vu *La Belle au bois dormant* ? ».

Le rideau se levait sur une foule de danseurs vêtus des splendides costumes de Constantin Korovine. La valse aux guirlandes était ouverte par trente-deux couples, puis, six paires d'enfants faisaient leur apparition. Les hommes s'alignaient pour former un couloir et les enfants dansaient dans cet espace mouvant, tandis que les danseurs tenaient les guirlandes au-dessus de leurs têtes. Puis les hommes quittaient la scène, suivis des femmes et des enfants, des paniers aux bras. Le public était en transe.

Marius Petipa avait été le premier maître de ballet à réaliser que Tchaïkovski était un génie. Aussi créa-t-il sur ses musiques des chorégraphies somptueuses qui coûtèrent des sommes considérables. La musique de *La Belle au bois dormant* lui permit de construire une chorégraphie originale, basée sur des mouvements « en dehors », c'est-à-dire en dehors des pas imposés. Ainsi Marius Petipa créa-t-il le « style Tchaïkovski » dans la danse. Aujourd'hui encore, *La Belle au bois dormant* demeure la création emblématique de Marius Petipa. Ce fut aussi lui qui tira de l'oubli le premier ballet du même compositeur, *Le Lac des cygnes*. Montée en 1877 à Moscou, cette œuvre fut d'abord mal accueillie par le public et retirée de l'affiche. Conçue sous forme de fresque symphonique, la musique du ballet permit, sous la houlette de Petipa et de son collaborateur Ivanov, de créer des images d'une rare beauté plastique.

Diaghilev savait combien son « oncle Tchaïkovski » avait aimé la danse. Son oncle Modeste, le frère du compositeur, lui avait raconté la visite à Moscou de Saint-Saëns : « Dans leur jeunesse, tous deux non seulement adoraient les ballets mais savaient à merveille imiter les ballerines. Un jour, désireux de se prouver mutuellement leur talent, ils donnèrent une représentation du court ballet *Galatée et Pygmalion* sur la scène du Conservatoire... Saint-Saëns, à quarante ans, était Galatée et jouait le rôle de la statue avec une application extrême ; Tchaïkovski, âgé lui de trente-cinq ans, tenait le rôle de Pygmalion. Nikolaï Rubinstein, le directeur du Conservatoire, était au piano. »

Cependant, en se passionnant pour *La Belle au bois dormant*, Benois et ses amis allaient à l'encontre des critiques officiels qui avaient déclaré que ce ballet n'était qu' « un mélange inepte de russe et de français ». Malgré son patriotisme légendaire, Diaghilev soulignait toujours que le ballet classique n'était pas un art spécifiquement russe, mais français ou italien. D'ailleurs le vocabulaire du ballet a toujours été français.

S'il n'avait au début manifesté pour le ballet d'autre intérêt que celui d'un amateur de peinture pour les décors, *Raymonda* lui fit meilleure impression, en dépit de son livret grotesque. Ce ballet fut présenté la même année que la première livraison du *Monde de l'art* : de toute évidence, l'intérêt de l'observateur se renforçait de celui d'un participant éventuel.

LE MONDE DES BALLETS

À l'époque, l'amour de la danse n'était pas vraiment répandu dans l'intelligentsia qui considérait cette discipline comme un art mineur. Laroche, un des journalistes les plus influents et les plus cultivés de Russie, confia un jour à Tchaïkovski : « Vous ne devriez pas tant idéaliser la danse. Les ballets ont été créés pour stimuler les vieillards impuissants. » Il se rappelait la réaction du compositeur : « Lorsque j'ai essayé de dire à Tchaïkovski que les puristes voyaient dans le ballet un spectacle séduisant et lascif, il fut ébahi : "La danse est le plus innocent, le plus moral de tous les arts. Si ce n'était pas le cas, alors pourquoi y emmènerait-on toujours les enfants ?" »

Pourtant, à Saint-Pétersbourg les écoles de ballet étaient souvent considérées comme un lieu de débauche.

Comme il n'y avait pas encore de véritables critiques de danse, les propos concernant le ballet se réduisaient exclusivement à « l'éloge de la féminité » ; Akim Volinski, un de ces « spécialistes », en conçut toute une théorie, selon laquelle la chose la plus importante dans la danse était l'érotisme. Et, invariablement, il se plaisait à décrire la largeur des hanches de ses danseuses préférées, sans porter le moindre intérêt à la chorégraphie.

La rigueur de l'apprentissage de la danse peut, certes, stimuler l'érotisme, cependant, lorsqu'on esquisse un pas de deux, il est aberrant d'imaginer que l'on pourra avoir à cet instant des pensées lubriques. La sensualité se dégage surtout d'une interprétation, d'une façon de bouger. L'artiste représente alors la volupté, suscitant l'éveil érotique du public.

« Quand on commence à travailler, affirmait Balanchine, tout sentiment érotique disparaît. Bien sûr, il arrive que l'on rencontre une fille dans le corps de ballet et que l'on ait une liaison avec elle, mais au théâtre, une vraie ballerine ne songe pas au sexe ni sur scène ni dans les coulisses. »

Malgré de puissants appuis, on assistait pourtant au déclin de l'âge d'or du ballet en Russie depuis la démission de Marius Petipa en 1903.

Le ballet du XIXe siècle se termina avec *Le Lac des cygnes*. « Difficile d'imaginer meilleure fin », disait un critique. Mais en Russie, cette fin de siècle signifiait également celle de ces conceptions esthétiques périmées. Cependant, le nom de Petipa restera gravé dans l'histoire. La puissance de ses créations comme la richesse de son influence se sont étendues bien au-delà de son époque et dure encore à l'orée du XXIe siècle.

Diaghilev était arrivé à Saint-Pétersbourg au moment même ou Marius Petipa s'était retiré.

En entrant à son tour dans le monde des ballets, Serge s'aperçut vite que c'était un univers à part. En effet, les élèves de l'École impériale de Saint-Pétersbourg avaient un statut tout à fait particulier. Ils étaient entièrement pris en charge, c'est-à-dire nourris, logés et éduqués aux frais de l'État.

Y être admis n'était pas facile. Fondé sur des principes militaires, l'apprentissage de la danse était dirigé avec une discipline de fer. Mais les efforts étaient récompensés par une atmosphère de luxe, par la splendeur des représentations dans les grands théâtres impériaux, et des fêtes à la cour.

Dès qu'un enfant y était admis, les parents renonçaient à tous leurs droits, et l'élève était officiellement adopté par le tsar.

Le chef suprême de l'école était le directeur des Théâtres impériaux. De concert avec les maîtres du ballet, il soumettait les élèves à un rigoureux examen physique d'après lequel il décidait si les postulants pouvaient ou non être pris à l'essai pour deux ans. Durant cette période, ils vivaient encore chez eux, mais l'École impériale subvenait à tous leurs besoins. Il y avait plusieurs centaines de candidats sur lesquels six à dix enfants seulement étaient admis. Si, au cours de ces deux années, ils montraient des dispositions réelles, ils entraient à titre définitif à l'école, et le dernier examen faisait d'eux automatiquement des membres du théâtre Mariinski.

Les ballets se répétaient dans une grande salle. Il y avait aussi un petit théâtre partagé avec les élèves de l'école dramatique où se passait l'examen annuel. Les dortoirs étaient spacieux et, s'il y avait place pour quarante élèves, vingt-cinq seulement y dormaient. Chaque élève avait son alcôve numérotée où il suspendait une icône. L'un des cinq précepteurs qui assumaient la surveillance dormait au fond du dortoir. Il y avait sur place un établissement de bains où, tous les vendredis, les enfants prenaient des « bains russes », après quoi un pédicure y soignait leurs pieds. Les élèves portaient de très beaux uniformes bleu ciel, avec une petite lyre d'argent brodée sur les cols et les casquettes. Ils avaient des voitures avec cocher et deux valets en livrée les accompagnaient au théâtre assis sur le marchepied.

Le spectacle commençait à huit heures. Un ouvreur en livrée rouge et or, marquée des noires aigles impériales, précédait les élèves dans un long couloir arrondi, orné de guirlandes et de médaillons, poussait une porte et s'effaçait respectueusement pendant que les enfants pénétraient dans un écrin de tissu pourpre au son des violons, des hautbois et des clarinettes. Les élèves, intimidés, regardaient alors le parterre. Nombre de visages de l'orchestre et des baignoires leur étaient connus. Certaines spectatrices jouaient de l'éventail et commentaient à mi-voix habillement et coiffure des autres dames.

En bas, regardant les étages ventrus des balcons aux élégantes arabesques, des figures se tournaient, des sourires se répondaient d'une travée à l'autre. Au-dessus, flottait un énorme lustre de cristal. Le faste du Mariinski produisait une impression inoubliable. « C'est ici que naquit la douce illusion que chacun de nous allait devenir une étoile ... », disait Rudolf Noureev me racontant sa propre impression de ce même théâtre, quand il fut à son tour élève de l'école de ballet.

Mais les spectacles du théâtre n'égalaient pas en magnificence les représentations à la cour. Les grilles du palais s'ouvraient devant eux, les gardes en uniforme d'apparat saluaient. Les enfants étaient très impressionnés à l'idée de se trouver face à face avec le tsar.

Dans la salle de bal se pressaient les membres du corps diplomatique couverts de rubans de satin dans leurs uniformes dont l'or se réfléchissait dans les cristaux des lustres, les généraux semblaient disparaître sous les pierreries de leurs décorations.

Après la représentation, le tsar et la tsarine dispensaient quelques encouragements aux enfants, leur offraient des présents et servaient un goûter.

LA DANSEUSE DU TSAR

Être sous la protection impériale était une chance extraordinaire, ainsi les artistes n'avaient-ils pas à chercher de subsides auprès de riches commerçants ou de banquiers. Cependant, le prestige des ballerines était si vif en Russie que rares étaient celles qui n'avaient pas un riche protecteur. On chuchotait même que certains membres de la famille impériale donnaient l'exemple à cet égard. Mais, en dehors de toute considération sentimentale, les passionnés de ballets constituaient un public éclairé, exigeant et parfois dogmatique. Certes, l'envol des tutus vaporeux charmait leurs regards, mais ils connaissaient aussi tous les ballets par cœur, suivant attentivement l'évolution des danseuses, et attendant avec impatience l'instant où « leur étoile » s'élancerait pour un pas difficile, et comptant avec angoisse leurs « fouettés ». Pour rien au monde ils n'auraient manqué une représentation de gala.

L'aristocratie et les membres de la famille impériale figuraient évidemment parmi les plus fervents admirateurs des ballets. (Cette tradition s'est d'ailleurs perpétuée après la Révolution avec les « tsars rouges » qui firent du Bolchoï ce qu'on pourrait appeler leur harem.)

Ainsi la ballerine Mathilda Kchessinskaïa fut-elle la maîtresse de Nicolas II avant son mariage. Le futur empereur l'avait installée dans une maison construite jadis par le grand-duc Constantin Nicolaïevitch pour Kouznetsova, une danseuse dont il avait eu deux fils. Le prince Vladimir Dolgorouki, frère de la célèbre Katia, épouse morganatique de l'empereur Alexandre II, eut un fils naturel de la danseuse Alexandrova, Mikhaïl Alexandrov, lui-même devenu danseur. Le grand-duc Nicolas Nicolaïevitch, frère d'Alexandre III, aima lui aussi une danseuse, Tchislova, dont il eut deux fils et deux filles. Le comte Andreï Chouvalov, appartenant à une autre grande famille, épousa la danseuse Vera Legat. Pavel Gerdt, le danseur le plus célébré de Saint-Pétersbourg à la fin du XIXe siècle, fils d'un Allemand baptisé dans la foi orthodoxe, eut pour parrain Pavel Andreïevitch Chouvalov.

La grande danseuse étoile des Ballets russes, Anna Pavlova, était, quant à elle, la fille naturelle d'un riche marchand qui avait poussé sa maîtresse à épouser un soldat.

Le cas de Mathilda Kchessinskaïa, plus proche de nous, reste l'exemple emblématique d'une ascension sociale extraordinaire.

Fille de Félix Kchessinski, lui-même mime et danseur, célèbre pour ses performances dans les danses tziganes, polonaises et hongroises, Mathilda fut admise à l'école de ballet de Saint-Pétersbourg à l'âge de dix-huit ans. Pendant son spectacle de fin d'études, elle fut remarquée par l'empereur Alexandre III qui l'encouragea à devenir le « joyau du ballet russe ».

Effectivement, après son entrée au théâtre Mariinski, elle parvint en un éclair à égaler les danseuses de l'école italienne. Elle fut la première à maîtriser sur la scène russe la technique des trente-deux fouettés et apporta à ses personnages coquetterie, pétulance et grâce.

Le 4 janvier 1892, cette jeune étoile montante du Mariinski attendait avec impatience de voir apparaître le futur empereur Nicolas II rentré d'une tournée à travers le monde. Ils ne s'étaient pas vus depuis un an. Mais, en ce jour, nota-t-elle, « la fortune nous a accordé une vraie rencontre ».

Tandis que l'empereur Alexandre III et le tsarévitch s'assirent au premier rang, l'impératrice et les grandes-duchesses s'installèrent dans la loge impériale, située, non pas au centre, mais sur le côté droit. Tendue de bleu ciel, et éclairée par de nombreux chandeliers en bronze doré, elle ressemblait à un immense appartement, avec une entrée et un foyer privé auxquels conduisait un vaste escalier particulier.

Durant l'entracte, Kchessinskaïa quitta sa loge dans l'espoir de pouvoir échanger quelques mots avec celui qu'elle affectionnait déjà. Sans doute les deux jeunes gens eurent-ils juste le temps de se comprendre du fond des yeux, car peu après, le tsarévitch installait Mathilda quai des Anglais.

Le choix de cette amante avait préalablement fait l'objet d'une délibération cocasse au sein de la famille impériale et ne fut donc pas uniquement celui du futur tsar. Citons l'épouse du grand-duc Constantin qui procéda à cette occasion à une étude comparative des qualités et des défauts des représentantes de différentes nations : « Les Russes, disait-elle, sont souvent belles, mais leur amour n'est pas assez raffiné ; les Françaises ont beaucoup d'imagination, mais elles sont trop lubriques et apprennent aux grands-ducs des choses peu convenables ; les Espagnoles sont si passionnelles qu'elles en rendent leur partenaire impuissant ; les Italiennes sont trop jalouses et leur amour est dangereux ; les Allemandes sont trop froides et sentimentales. Alors qui ? Les Polonaises. Elles seules savent garder une juste mesure en tout : la beauté et le raffinement, la lubricité et la sentimentalité. »

Ainsi le sort en fut-il jeté : Kchessinskaïa était polonaise.

Son idylle avec le tsarévitch Nicolas allait durer deux ans. Mais la vie sentimentale de l'héritier de l'Empire était commandée par la raison d'État. Et, en avril 1894, le Palais annonçait officiellement les fiançailles de Nicolas avec Alix, princesse de Hesse-Darmstadt. Dès lors, le futur tsar cessa ses visites à Mathilda. Lorsque celle-ci écrivit au tsarévitch en lui demandant si elle pouvait compter sur son appui à l'avenir, il répondit : « En cas de nécessité, oui. Les moments passés avec vous resteront à jamais les souvenirs les plus heureux de ma jeunesse. »

Cette idylle avec le tsarévitch avait coïncidé avec les premiers succès de Mathilda. En effet, l'Italienne Carlotta Brianza, la première Aurore de *La Belle au bois dormant*, avait pris sa retraite en décembre 1891. Après ce départ, Kchessinskaïa tint la vedette incontestable sur la scène russe, éclipsant les étoiles étrangères. Les mauvaises langues, l'accusant d'avoir des jambes « exécrables », la désignaient comme « une danseuse sans beaucoup d'élévation ». Mais rapide dans le mouvement, elle faisait tout oublier par une présence exceptionnelle et des pirouettes éblouissantes. Quand Mathilda Kchessinskaïa vint danser à Moscou, tous les premiers rangs de l'orchestre du théâtre Mariinski de Saint-Pétersbourg restèrent vides. Les admirateurs de l'« incomparable » l'avaient suivie dans son voyage. « Une période fantastique », confiera-t-elle plus tard.

« Un homme ne pouvait pas se ruiner alors sans qu'on en attribue la faute à une femme. Les hommes ne cachaient pas leur maîtresse à l'époque. Ils l'affichaient, ils dépensaient leur fortune pour elle. Je plaignais les malheureuses épouses incapables de rivaliser avec cet étalage de fastes, et je rêvais d'une mode qui rétablirait l'égalité. »

En mai 1896, la cérémonie du couronnement allait être l'occasion de mettre à l'épreuve les promesses données par Nicolas à son ancienne maîtresse.

Kchessinskaïa, en effet, fut choquée de ne pas être invitée à prendre part au gala prévu au Bolchoï en l'honneur du couple impérial, où devait avoir lieu la représentation d'un nouveau ballet appelé *La Perle*, sur une musique de Drigo. Legnani, une jeune ballerine italienne, devait en être la vedette.

Mais Mathilda n'étaient pas de celles qui laissent leur place sans lutter. Elle se rendit sur-le-champ chez le grand-duc Vladimir, le frère préféré d'Alexandre III, oncle aîné de Nicolas. Le résultat ne se fit pas attendre : l'administration des Théâtres impériaux reçut l'ordre de faire participer Kchessinskaïa au gala du couronnement. « Mon cœur s'est empli de bonheur à l'idée que Niki était intervenu ainsi en ma faveur. »

Drigo dut donc revoir sa composition, et Petipa arranger spécialement un pas de deux pour elle. Ainsi, aux perles blanches, noires et roses, fut ajouté une perle jaune.

Ce fut depuis les fenêtres de son hôtel que Kchessinskaïa suivit la procession du couronnement. Les troupes occupaient la rue entière. En plus des détachements des divers régiments de cavalerie de la Garde, il y avait des représentants des tribus asiatiques de l'Empire russe dans leurs costumes nationaux. Les délégations de Cosaques puis les membres de la haute aristocratie menés par le maréchal de la noblesse du district de Moscou chevauchaient au pas. Ensuite venaient l'orchestre du Tribunal suivi des membres de la Chasse impériale dans leur riche uniforme, dirigés par le maître des écuries et le maître des chiens. Nicolas II apparut enfin sur un cheval blanc. Derrière lui, dans un carrosse doré surmonté d'une couronne et tiré également par huit chevaux blancs, se trouvaient l'impératrice douairière Maria Feodorovna et la grande-duchesse Olga Alexandrovna. Deux petits pages étaient assis sur les marchepieds. Alors seulement venait le carrosse doré menant, seule, Alix de Hesse devenue la tsarine Alexandra Feodorovna, vers son destin. Derrière elle, dans d'autres carrosses, venaient les grandes-duchesses. Le temps était magnifique. Tout semblait idyllique.

Tout ou presque. En effet, le mariage suivi du couronnement avait dû se faire à la hâte à cause de la disparition prématurée du tsar Alexandre III, enterré quelques jours auparavant. De plus, la malheureuse Alexandra, jugée trop froide, trop timide et gauche, n'était guère appréciée de sa belle-mère ni de la cour. L'avènement du couple impérial, déjà teinté de tristesse, allait de nouveau être associé à un drame. Aux portes de la ville, dans le champ de Khodynka, le peuple avait été convié pour la circonstance à un vin d'honneur. La foule y fut si dense que des baraquements s'effondrèrent provoquant la panique et la mort de nombreuses personnes. Cette tragédie éloigna davantage l'intelligentsia russe de la famille impériale, accusée notamment de favoritisme dans le monde artistique.

Il est vrai que Kchessinskaïa exerça longtemps une influence prépondérante sur le répertoire du théâtre Mariinski. Le directeur des Théâtres impériaux, Telakovski, nota dans son journal : « Quelle corvée de diriger un théâtre où les affaires sont déterminées par une vedette qui vit avec deux grands-ducs à la fois ! »

Ce fut dans cette ambiance que Diaghilev exerça ses fonctions à la direction des Théâtres impériaux. En 1897, il fut chargé de l'édition annuelle de l'annuaire des artistes. À cette époque, il noua des relations étroites avec Mathilda Kchessinskaïa et prit même l'habitude de la raccompagner chez elle après les spectacles. Ainsi eut-il souvent l'occasion de fréquenter son protecteur le grand-duc Vladimir, son futur époux, et le grand-duc Andreï, cousin de Nicolas II.

Mathilda n'était pas seulement une danseuse de talent mais également une femme de tête. Elle ne laissait rien au hasard, calculant les dates de ses représentations de manière à paraître toujours en pleine saison ; le reste du temps elle prenait de longues vacances dans ses nombreux palais et maisons de campagne où elle donnait de somptueuses réceptions. Elle cessait alors tout entraînement et se consacrait sans retenue aux plaisirs. Douée d'une vitalité et d'une force de volonté stupéfiantes, ses folies ne nuisaient ni à sa beauté ni à son humeur toujours égale et primesautière. Mais, un mois avant de reparaître en scène, elle se consacrait entièrement à son travail, cessant toutes visites ou sorties et s'entraînant des heures durant. Avant le grand soir, elle s'alitait vingt-quatre heures, ne prenant qu'un très léger repas à midi, et arrivait au théâtre deux heures avant la représentation, afin de faire encore des exercices.

Durant la saison des manœuvres militaires annuelles de Krasnoïe Selo, les danseurs donnaient douze à quinze représentations de prestige, spécialement conçues pour les officiers et leurs familles. Chaque spectacle comportait une comédie musicale, un spectacle dramatique et un divertissement de ballet. De nombreux officiers supérieurs et des membres de la famille impériale formaient donc pour les danseurs un milieu amical et attentionné, veillant à ce que des buffets bien garnis se trouvent constamment à leur disposition. Après les spectacles, tout ce joli monde s'égaillait par petits groupes dans la campagne ou sur le lac.

Le rideau se levait à huit heures, après quoi un souper réunissait à la table de Kchessinskaïa des généraux, ses « chers amis » les grands-ducs Sergeï et Andreï auxquels se joignait souvent le grand-duc Nicolas, oncle du tsar et commandant en chef des armées russes. Le tsar venait également souvent assister aux représentations et les artistes qui se distinguaient en sa présence recevaient de sa part un bijou. Pour les solistes garçons, il s'agissait d'une montre en or au chiffre de Nicolas II, et pour les danseuses, une broche ornée de diamants. Ce bijou était attribué à celles et ceux dont le talent arrivait à suspendre le spectacle par des applaudissements démontés malgré la présence impériale.

S'il n'était pas un professionnel du ballet, Diaghilev s'intégra à cet univers à une allure fantastique. Mathilda et lui avaient le même âge. Elle appréciait la compagnie de celui qu'elle allait plus tard surnommer « Chinchilla », à cause de son opulente chevelure noire méchée de gris sur le devant. Avide d'apprendre, il demandait toujours : « Pourquoi fais-tu ceci de telle façon et cela de telle autre ? »

LA CONQUÊTE DE PARIS

En juin 1900, Serge Diaghilev visita l'Exposition universelle à Paris. Dans le village russe, le grand pavillon de l'Empire offrait une grande variété d'expositions portant sur l'agriculture, l'électricité, l'éducation, l'art. Une construction dans le vieux style russe, ressemblant à une maison de conte de fées, remporta un vif succès.

À son retour, il consacra plusieurs articles à cette visite dans sa revue *Mir Iskousstva* (*Le Monde de l'art*), un magazine fraîchement sorti, richement illustré et superbement imprimé, qui devait paraître six années de suite, avec la collaboration bien sûr de ses amis inséparables Alexandre Benois et Léon Bakst.

Cette publication lui permit alors de formuler et de promouvoir ses idéaux, comme le « culte de la beauté » ou sa vision de l'art comme « acte de communion entre la personnalité de l'artiste et celle du spectateur ». *Mir Iskousstva* influença toute une génération de nouveaux artistes et écrivains russes et attira l'attention des lecteurs étrangers sur leurs œuvres, particulièrement à Paris où les liens traditionnels avec la culture de Saint-Pétersbourg étaient reconduits par la présence de nombreux émigrés russes.

Le succès du *Monde de l'art* renforça le statut de Diaghilev dans la société : ainsi s'installa-t-il sur le canal Fontanka, bordé par les palais des grands-ducs et des princes avec qui il entretenait des rapports privilégiés. Cette vie semblait convenir à sa fougue. Mais le destin allait lui jouer un tour inattendu.

Le Monde de l'art comptait parmi ses collaborateurs le prince Volkonsky, homme au goût raffiné, familier des divers aspects du théâtre, qui de plus était progressiste. Les activités du groupe l'impressionnaient. En 1899, il fut nommé à la direction des Théâtres impériaux auxquels il songeait à ouvrir la voie du changement. Mais, appartenant à la haute société, Volkonsky connaissait les risques d'une action trop brutale. Aussi, afin d'introduire le groupe dans les milieux du théâtre, chargea-t-il Diaghilev d'éditer l'Annuaire des théâtres impériaux. Saisissant aussitôt sa chance, le cercle Diaghilev-Benois voulut aller trop vite et poussa Volkonsky à l'autoriser à monter une nouvelle représentation de *Sylvia* pour illustrer leur idéal. Volkonsky accepta et, en 1900, ils se mirent au travail. Diaghilev supervisa la production, les décors furent exécutés par des membres du groupe.

Diaghilev n'occupant qu'une fonction tout à fait subalterne aux théâtres impériaux, il paraissait inévitable que les fonctionnaires en place protestent contre les pouvoirs qui lui étaient accordés. Pour aplanir les difficultés, Volkonsky suggéra que le spectacle fût simplement présenté sous le nom de Directoire, le groupe étant autorisé à poursuivre son entreprise. Mais Diaghilev refusa et tenta de maintenir le spectacle sous son nom. Il en appela même au tsar, sans résultat. Volkonsky tenta vainement de le persuader qu'il serait plus sage de laisser son groupe s'infiltrer lentement dans le milieu théâtral, mais Diaghilev rejeta tout compromis. Aussi fut-il démis de ses fonctions par le tsar et banni des théâtres impériaux.

Bien que ressenti comme un affront, ce limogeage allait cependant permettre à cet homme d'action par excellence, enthousiaste et passionné, de poursuivre son chemin avec pugnacité. Aussi trouva-t-il bientôt d'autres buts à son impérieux besoin d'organiser, de construire, de réaliser.

De nouveau il se mit à voyager, au cœur de la Russie cette fois, afin de regrouper les plus belles toiles et icônes russes des châteaux de province. L'exposition de ces œuvres eut lieu au palais de Tauride, l'ancienne demeure de Potemkine.

Le tsar l'honora même de sa visite en compagnie de sa mère et de sa famille. À leur entrée un orchestre installé dans la loge d'une galerie couverte de fleurs entama l'hymne russe. Diaghilev raconta que Nicolas n'était pas aussi grand qu'il l'avait imaginé, les yeux un peu exorbités il avait le regard clair et triste. L'impératrice, en revanche, était grande, d'une certaine raideur, à l'opposé de sa belle-mère dont l'élégance et la gaieté étaient légendaires. Tout en admirant chaque tableau, Alexandra surveillait son fils. À l'époque, tout le monde ignorait que le tsarévitch était atteint d'hémophilie. Le moindre coup pouvait lui être fatal, aussi une attention toute particulière lui était-elle prodiguée. Les grandes-duchesses, ses sœurs, de vraies beautés, riaient de bon cœur et jouèrent à cache-cache avec leur frère autour d'un gigantesque feu d'artifice végétal.

Bien sûr l'empereur ne pouvait pas exprimer son sentiment personnel à propos des œuvres, cependant, le grand-duc Vladimir, son oncle, n'hésita pas à souligner son admiration pour l'exposition en achetant une aquarelle.

Cette manifestation remporta un si vif succès que Diaghilev s'offrit le luxe de rêver de présenter les peintres russes à l'étranger.

Après Berlin et Barcelone, Paris accueillit en 1906, dans le cadre du Salon d'automne au Grand Palais, la première rétrospective de peinture russe. Douze salles y étaient consacrées. Bakst avait reconstitué la décoration de l'exposition de Moscou, Benois avait rédigé le catalogue. Compte tenu de son importance pour le rayonnement de l'art russe cette manifestation fut en grande partie financée par les deniers du tsar.

Dans le comité d'organisation de ce Salon, figurait une princesse belge, présidente de la Société des concerts français, musicienne et épouse du richissime comte Greffulhe. (Elle inspira à Proust la duchesse de Guermantes de *À la recherche du temps perdu*.)

La comtesse avait déjà entendu parler de ce Serge de Diaghilev que sa tante, Mélanie de Pourtalès, voulait absolument lui présenter.

De prime abord elle se demanda ce que sa tante pouvait bien trouver à ce « jeune snob » qui avait l'air d'un « aventurier douteux ». Mais lorsque Diaghilev commença à faire des commentaires sur les tableaux de sa collection, son avis changea du tout au tout. Elle le trouva « extraordinairement intéressant », conquise désormais par cet « homme d'une grande culture ». Ayant plus d'une corde à sa lyre, Diaghilev se dirigea alors vers le piano et joua des mélodies de compositeurs russes inconnus de la comtesse. Charmée par son jeu qu'elle jugea excellent et par cette musique « si nouvelle, si merveilleusement belle », madame Greffulhe promit sans hésitation de faire « tout ce qui était en son pouvoir pour aider Diaghilev » à réaliser son désir d'organiser un festival de musique russe à Paris.

Ainsi, en 1907, cet ambitieux imprésario, novice dans le métier, réussit-il cette entreprise périlleuse en organisant une série de cinq concerts historiques russes, sous le patronage de la comtesse Greffulhe.

Chaliapine, le plus grand artiste lyrique de sa génération, chanta des airs tirés du *Boris Godounov* de Moussorgski, Serge Rachmaninov joua du piano en virtuose et le célèbre chef d'orchestre austro-hongrois Arthur Nikisch dirigea des œuvres de Scriabine et de Rimski-Korsakov.

Les Parisiens appréciaient de plus en plus ce jeune Russe qui avait compris comment mettre en valeur aux yeux des Français la culture de son lointain pays, mettant en exergue son rôle de trait d'union entre l'Europe et l'Orient.

Mais Diaghilev voyait plus loin. Depuis deux ans déjà, il était hanté par l'idée de faire venir le Ballet impérial dans la capitale française où la danse ne restait encore qu'un vulgaire accessoire de l'opéra.

Afin d'obtenir la possibilité de louer la salle du palais Garnier pour l'année suivante, il se rendit (toujours sur le conseil de la comtesse Greffulhe) dans le bureau du plus influent des imprésarios parisiens, Gabriel Astruc, directeur de la Société musicale.

Le bureau d'Astruc se trouvait au rez-de-chaussée d'un pavillon du XVIIIe siècle occupant le coin du boulevard des Italiens et de la rue Louis-le-Grand, le pavillon de Hanovre, devenu célèbre dans l'histoire de la musique française.

Vêtu d'une manière un peu tape-à-l'œil, Astruc portait un bracelet en or et ses petits doigts grassouillets arboraient des émeraudes ; à sa boutonnière, immanquablement un œillet cramoisi jusqu'à ce qu'il le remplace par la rosette de la Légion d'honneur.

Il avait entendu parler de son interlocuteur russe comme étant un homme de passion, toujours prêt à se lancer dans des entreprises nouvelles, toujours plus audacieuses. Lorsqu'il vit entrer Diaghilev, la moustache aussi impeccablement taillée que le costume, il fut frappé par son « chic authentique ». Il allait être davantage encore impressionné par son bagout.

Après avoir énoncé son parcours (sans oublier de se présenter « comme attaché à la Chancellerie impériale du tsar Nicolas II ») Diaghilev conclut : « L'année prochaine, je compte monter *Boris Godounov* à l'Opéra de Paris, avec Fédor Chaliapine dans le rôle principal . Ensuite, j'ai des projets de ballets avec les théâtres impériaux. J'ai des appuis enthousiastes : le grand-duc Vladimir et la comtesse Greffulhe...

Voulez-vous être l'administrateur de ces représentations ?

Il me faut des relations et de l'argent. Vous avez les premières, à nous deux nous trouverons le second. »

Ce récit rapporté plus tard par Astruc montre bien le don exceptionnel de séduction dont Diaghilev possédait le secret.

– Je suis votre homme, répondit d'emblée Astruc, pourtant habituellement si prudent et pondéré.

Deux facteurs avaient conforté Diaghilev dans cette affaire. Premièrement, à l'époque, le jeune maître de ballet Michel Fokine avait commencé, sous l'influence d'Isadora Duncan, à élaborer une nouvelle forme de chorégraphie. Deuxièmement,

Anna Pavlova et Vaslav Nijinski, deux danseurs de génie, s'imposaient sur la scène de Saint-Pétersbourg.

Au printemps 1908, Diaghilev offrit à l'Opéra de Paris une brillante production de *Boris Godounov* dans son intégralité. Une fois encore, le timbre de basse clair et chaud de Chaliapine enchanta le public parisien.

En automne, il commença à préparer sa prochaine saison à Paris. Il ne s'agissait pas pour l'heure de présenter les ballets seuls car à l'époque cette discipline était considérée comme secondaire, mais de les montrer en alternance avec les opéras russes du répertoire classique. Grâce au soutien du grand-duc Vladimir, il obtient l'accord du tsar pour subventionner ce projet de nature à faire rayonner la culture russe à l'étranger.

Plusieurs personnes prétendirent plus tard être à l'origine de ce projet, comme notamment les conjoints respectifs de Pavlova et de Nijinski ou même encore Michel Fokine. En tout état de cause il est incontestable que le pas décisif sur la voie de sa réalisation s'était fait quelques mois auparavant, lors d'un dîner entre Diaghilev et Astruc, le 2 juin 1908.

Évoquant son admiration pour la danseuse Alexandra Vassilieva, Astruc allait fournir à Diaghilev l'occasion de lui proposer d'amorcer cette coopération sur le plan pratique, pour accélérer la venue des Ballets russes à Paris. Serge mit alors en avant de nouveaux arguments :

– Vous, les Français, dit-il, avez de bonnes ballerines, mais vous n'avez pas idée de ce qu'est un danseur mâle. Nous, nous avons un danseur étoile, Nijinski, un Vestris des temps modernes.

– Il danse seul ? demanda Astruc.

– Oui, et parfois avec une partenaire qui est presque son égale et excelle non seulement dans la danse classique mais aussi dans la danse de caractère : la Pavlova. Elle ne danse pas, elle flotte… »

Dans la foulée, il expliqua l'esprit novateur des créations de son maître de ballet, Fokine, dont l'ambition était de renoncer aux abstractions caractérisant l'école académique. Ce dernier rejetait le geste conventionnel, imposant au ballet la diversité des moyens d'expression empruntés aux beaux-arts et au folklore. Fokine ne considérait pas la technique pure comme une fin en soi et attachait une importance primordiale à l'action dramatique. S'il choisissait une musique qui n'était pas spécialement destinée à la danse, il introduisait un nouveau type de spectacle de ballet, sans sujet conçu, à l'instar d'une œuvre musicale. De ses œuvres, Diaghilev disait qu' « aux bacchanales de la vie se mêlaient des accents d'amertume et de désespoir ». Soucieux d'affirmer l'unité absolue de la scénographie, de la musique et de l'art plastique, Fokine fut influencé par son ami le peintre Alexandre Benois.

Toujours diligent, Diaghilev rédigea sur le dos de la note du restaurant les clauses principales du futur contrat dont il devait assumer la responsabilité financière, tandis qu'Astruc prenait à sa charge la publicité, la vente des billets et l'administration. Il parvint même à obtenir de son futur partenaire une réduction exceptionnelle de 50% sur sa commission. Cette conversation allait donner à Astruc la possibilité de s'attribuer, lui aussi, le mérite d'avoir fait venir les Ballets russes à Paris. Deux jours après ce dîner, les deux complices rencontraient la princesse de Polignac qui, enthousiasmée par le projet, promit de mettre à leur disposition son formidable réseau d'aristocrates amateurs d'arts.

Pourquoi cet engouement pour les Russes ? À la fin du XIXe siècle, la mode orientaliste s'essoufflait. Ce courant continuait cependant d'inspirer une littérature d'évasion, illustrée par Pierre Loti ou Claude Farrère. Le public avait pris goût à cet exotisme un peu kitsch que non seulement le roman et l'illustration populaire perpétuaient, mais aussi la publicité (cigarettes, pommades et onguents). En ce sens, l'intérêt nouveau pour la Russie offrait une autre terre à explorer : « Voici venir le Scythe, le vrai Scythe, qui va révolutionner toutes nos habitudes intellectuelles. Avec lui, nous entrons au cœur de Moscou, dans cette monstrueuse cathédrale Saint-Basile, découpée et peinte comme une pagode chinoise, bâtie par des architectes tartares et qui abrite pourtant le Dieu chrétien. » Ainsi Melchior de Vogüé présenta-t-il le mythe de la Russie, que Diaghilev et son ballet allaient incarner.

Fort de son association insolite avec les aristocrates amateurs d'art, Diaghilev rentra à Saint-Pétersbourg le cœur gai.

À cette époque, ses relations avec Dimitri Filossofov avaient déjà franchi un point de non-retour. Si leur union s'était scellée au cours de leur premier voyage à l'étranger, elle s'était achevée avec la virée de Diaghilev de la Russie vers l'Europe.

Depuis quelque temps déjà, Dimitri – coéditeur du journal *Mir Iskousstva*– s'était laissé séduire par les desseins littéraires de culture russe du groupe d'écrivains et de philosophes mystiques et slavophiles réunis autour de la poétesse Zinaïda Hippius. Il prit donc quelques distances vis-à-vis de la démarche occidentaliste de Diaghilev. Non seulement un fossé s'était creusé entre leurs courants de pensée, mais aussi entre les deux hommes. Car Zinaïda Hippius, poétesse volontaire et originale qui, comme autrefois George Sand, portait des vêtements d'homme, avait entrepris d'attirer Filossofov dans ses filets.

Lorsqu'elle recevait chez elle, on la voyait perchée sur le bras du fauteuil de son auguste époux, l'écrivain mystique Merejkovski. La poétesse pérorait, faisant et défaisant les conversations. Elle croisait haut les jambes et portait avec audace les tenues les plus provocantes. Ses cheveux étaient coupés à la garçonne et une émeraude pendait sur son front entre des sourcils de jais. Un maquillage charbonneux lui noircissait l'œil et ses ongles laqués de rouge maniaient un fume-cigarette comme une petite arme de poing. Sans doute cette apparence masculine aida-t-elle Filossofov à oublier qu'elle était une femme ? Ou était-elle, comme supputait la rumeur, un hermaphrodite ?

En tout état de cause, la rupture avec Diaghilev était consommée et ce dernier n'avait aucune envie de voir se dérouler sous ses yeux cette idylle.

RENDEZ-VOUS AVEC LE DESTIN

Volage et avide de satisfactions charnelles Diaghilev chercha cependant toujours un amant dévoué. Pour se consoler de ses déboires, il avait assouvi ses désirs avec son secrétaire particulier, Alexis Marvine, mais il était déjà séduit par le corps râblé de l'étoile montante des théâtres impériaux, Vaslav Nijinski. Ses manières frustes, sa timidité et ses origines polonaises l'avaient rendu irrésistible à ses yeux.

Les dons exceptionnels de cet enfant prodige de la danse furent découverts par le public alors qu'il n'avait que quinze ans. Petit de taille, les jambes musclées, le visage blême aux pommettes saillantes et aux yeux obliques, il aurait pu être un héros de Dostoïevski. Une sorte d'idiot magnifique, incroyablement beau et étonnamment laid, otage de ses obsessions.

Fils d'un couple de danseurs de folklore, il était né à Kiev en 1889. Sa famille s'installa à Saint-Pétersbourg où il fut admit à l'École de ballet.

Ce garçon gauche et timide se tenant à l'écart éblouissait ses camarades en classe. Une force phénoménale pouvait le propulser dans les airs. La technique de Nijinski fut certes incomparable. Il possédait une musculature très particulière et un exceptionnel travail d'orteil et de cou de pied lui donnait une détente unique. Cette pulsion transformait alors le saut en envol et irradiait le visage lourd et la silhouette courtaude de ce jeune homme peu éclatant à la ville et transfiguré par la scène.

Bientôt, les ballerines allaient s'arracher ce partenaire bondissant.

À sa sortie de l'École en 1907, Vaslav fut engagé au théâtre Mariinski où il accéda rapidement au rang de premier danseur, grâce au soutien de Mathilda Kchessinskaïa qui apprécia tout particulièrement ce partenaire entre tous.

Nijinski avait souvent aperçu Diaghilev au théâtre Mariinski ainsi qu'au Cubat, le cabaret le plus en vogue de la capitale russe, dont le propriétaire, d'origine française, avait été cuisinier du tsar. Les artistes s'y retrouvaient en compagnie de leurs mécènes et les additions se soldaient par milliers de roubles.

Diaghilev, lui, avait remarqué surtout la physionomie farouche de Tartare et la prodigieuse technique du danseur. Vaslav était un être à part, marqué par la maladie de son frère aîné, enfermé dans un asile psychiatrique. Sa sœur Bronislava, de deux années plus jeune que lui, était également engagée par le Mariinski. Mais, la famille manquant toujours de moyens depuis le départ de M. Nijinski père, Vaslav donnait des leçons de danse aux enfants des riches marchands pétersbourgeois et des aristocrates, afin d'arrondir les fins de mois difficiles.

Ce milieu joua d'ailleurs un rôle prépondérant dans sa vie car il eut ainsi l'occasion de fréquenter un autre danseur, Alexandrov, le neveu de Katia Dolgorouki qui fut la maîtresse, puis l'épouse morganatique du tsar Alexandre II. Ce jeune homme appartenait aux deux mondes : grâce aux relations de son père il avait été admis par la haute société et introduit par sa mère dans les cercles artistiques. Alexandrov servait donc d'intermédiaire ambigu en présentant aux aristocrates danseurs et danseuses.

Les élèves désireux d'acquérir, par l'exercice de la danse classique, une allure gracieuse et distinguée, venaient de milieux sociaux très différents. Il y avait des nouveaux riches, prêts à payer n'importe quel prix pour offrir à leurs enfants un complément d'éducation leur ouvrant les portes des salons bien fréquentés, ou encore des jeunes femmes de la meilleure société qui étudiaient la danse avec le professeur à la mode pour garder leur ligne. La leçon était suivie d'un thé réunissant professeur, élèves et amis, servi dans des salons luxueusement décorés ; toute une cérémonie où les services d'argenterie et les porcelaines de Chine jetaient une note raffinée. Comme dans les pièces de Tchekhov, les conversations se prolongeaient pour discuter d'art et des derniers événements mondains de Saint-Pétersbourg. Nijinski n'aimait guère être professeur, mais il le fallait, car, malgré son succès, il avait toujours un traitement minime de cinquante roubles.

L'entraînement quotidien et les quelques heures de leçons données pendant la semaine ne suffisaient pas à son désir de création artistique. De plus, les intrigues habituelles aux coulisses des théâtres impériaux l'empêchèrent aussi d'être désigné plus souvent pour une représentation.

Même les grands chorégraphes ne faisaient pas ce qu'ils voulaient au Mariinski. Ainsi Michel Fokine, dont les théories étaient taxées de révolutionnaires, rencontrait une sévère opposition. L'académisme gardait les rênes.

La vie privée de Nijinski était également difficile, même si à l'époque en Russie les amitiés particulières n'étaient pas considérées aussi scandaleuses qu'elles l'auraient été à Paris ou à Londres. Ce fut Alexandrov qui l'introduisit tout naturellement auprès d'une des grandes figures de la communauté homosexuelle de Saint-Pétersbourg, le prince Pavel Lvov.

Cet homme imposant aux tempes grisonnantes, beau parleur, amateur de danseurs et de sportifs de haut niveau, toujours prêt à rendre service, aida Vaslav financièrement.

Le danseur livra à son journal sa version de ses premières rencontres homosexuelles.

« Un jour, j'ai rencontré un prince russe qui m'a présenté à un comte polonais... Celui-ci m'a acheté un piano. Je n'ai pas fait l'amour avec lui parce que j'aimais le prince. »

Sa sœur Bronislava contesta cette version. Elle présenta ce comte comme un homme de morale très stricte. Il s'agissait d'un certain Tichkevitch (richissime magnat de Pologne, propriétaire d'une grande partie de la ville de Vilna et de nombreux domaines dont les serrures des portes auraient été ornées de pierres précieuses). Elle précisa encore que ce n'était pas le comte, mais Lvov qui avait acheté ce piano à Vaslav.

L'amour de Lvov n'était pas possessif. Et, si l'on en croit Nijinski une vingtaine d'années plus tard, c'est Lvov, son protecteur et amant, qui aurait arrangé le premier rendez-vous galant avec Diaghilev à son retour de Venise où il était allé suivre le succès de *Boris Godounov*.

Ainsi, en cet automne 1908 par une fin d'après-midi ou les nuages glissaient dans l'argent du ciel de Saint-Pétersbourg, Diaghilev rencontra-t-il Nijinski. « Lvov m'a présenté à ce dernier ; il m'a forcé à lui être infidèle parce qu'il pensait que Diaghilev pourrait m'être utile. Je lui fus présenté au téléphone. »

Il prétend avoir été intimidé par cet homme plus âgé, sous-entendant que Diaghilev lui aurait fait des avances le premier : « Je l'ai détesté dès le départ, parce que je connaissais son pouvoir... Il en a abusé. J'étais pauvre. Je gagnais soixante-cinq roubles par mois... Ce n'était pas suffisant pour nous nourrir, ma mère et moi. » (Cette description ressemble néanmoins à un mélodrame façonné après coup. En effet, Nijinski mourant de faim ne correspond à aucune espèce de réalité.)

« Je le détestai à cause de son ton de voix trop assuré, mais je cherchais fortune. Je la trouvai à ce moment-là, parce que je lui fis immédiatement l'amour. Je tremblais comme une feuille ».

Dans la version de son journal filtrée par sa femme Romola, celle-ci corrigea « je lui fis immédiatement l'amour » par « je lui ai permis de me faire l'amour », laissant entendre que Nijinski joua un rôle passif.

On peut supposer qu'il avait dû acquérir assez d'expérience avec le prince Lvov, et peut-être avec d'autres hommes, ainsi qu'auprès de prostituées, pour jouer un rôle actif dans ses relations homosexuelles. Mais, Nijinski était-il déjà pour autant homosexuel ? Ne serait-ce que parce que sa femme a constamment soutenu le contraire, nous pouvons nous poser la question.

Dans ses carnets il révèle qu'il acceptait de coucher avec des hommes quand il y avait récompense à la clef. En d'autres termes, il avait des relations sexuelles aussi bien avec les hommes qu'avec les femmes : il était bisexuel. Ses fantasmes masturbatoires suggéraient nettement une orientation hétérosexuelle tout autant que narcissique. « J'aimais, note-t-il encore, rester au lit et penser à une femme, mais, je ne jouissais qu'après avoir décidé de me prendre moi-même comme objet de désir. Je regardais mon pénis et cela m'excitait. » L'excitation provoquée par la contemplation de son pénis en érection, de même que l'exhibitionnisme, étaient sans doute des composantes de la sensualité de Nijinski. Cette sensualité débordante plut particulièrement à Diaghilev, cependant les rapports entre deux esprits créateurs n'étaient pas simples. Nijinski lui-même n'a-t-il pas affirmé avoir peur de lui, au point de trembler « comme une feuille ».

Pourtant, le fondateur des Ballets russes était attiré par les artistes de génie auxquels il faisait exprimer le meilleur de leurs possibilités. Pour cela, il fallait qu'il eût lui-même un certain génie. Jamais il ne fit appel à des hommes efféminés ni n'admit ce genre dans ses productions. Ses amitiés féminines n'étaient pas moins précieuses pour celles qui en bénéficièrent et virent, grâce à lui, leur talent miraculeusement s'épanouir. Chacune lui en garda une reconnaissance passionnée quels qu'aient été ses exigences ou ses caprices.

Nijinski était désorienté par son brusque passage d'une école austère à la folle dissipation de la société russe. Il était sûr d'avoir rencontré en Diaghilev l'instrument de son destin. Il était fasciné.

À quelque temps de là, Nijinski changea son train de vie. Il loua un appartement dans le plus beau quartier de Saint-Pétersbourg, le meubla somptueusement, emplit sa garde-robe de costumes commandés à Londres, de linge expédié de Paris.

Aux questions étonnées de Bourman, son meilleur ami de l'époque, il répondit qu'il avait reçu de Diaghilev un acompte de 25 000 roubles sur le futur contrat aux chiffres astronomiques qui allait le lier aux Ballets russes : 60 000 roubles pour la première année, avec augmentation de 10 000 roubles par an… Et il ne s'agissait que d'un engagement de quatre mois d'été, le reste du temps appartenant au théâtre Mariinski.

Lorsque sa mère et sa sœur vinrent s'installer auprès de lui, Nijinski organisa une pendaison de crémaillère en invitant la famille Bourman au complet. Pour M. Bourman père, ce luxe exagéré n'augurait rien de bon. Il se retira chez lui de bonne heure, laissant aux deux garçons le soin de reconduire les dames, en fin de soirée.

Une fois cette mission accomplie, s'ensuivit un épisode tout à fait révélateur du caractère de Nijinski. Bourman, plus que jamais possédé par sa passion du jeu, entraîna son compagnon vers le palais du prince Youssoupov, transformé par ce dernier en cercle mis à la disposition des artistes. Bourman, ayant perdu tout ce qu'il avait, emprunta 100 roubles à Nijinski. Celui-ci accepta de les lui prêter à la seule condition qu'ils dépensent ensemble les gains, selon les directives du danseur. La chance sourit au joueur. Et Bourman de remporter 500 roubles. Nijinski demanda alors à son ami de le suivre. Sous l'arcade du café Andreïev, situé sur la perspective Nevski, se réunissaient après minuit les prostituées les plus misérables de Saint-Pétersbourg. Nijinski se dirigea vers le groupe en tirant Bourman. Contemplant les malheureuses qui de leurs voix avinées leur mendièrent des cigarettes, Nijinski en invita six à l'accompagner, moyennant de l'argent bien sûr. Il les fit ensuite monter deux par deux dans des fiacres et monta dans le dernier avec Bourman. Les cochers reçurent l'ordre de les conduire dans un restaurant où leurs « invitées » ne seraient pas trop dépaysées. On commanda alors de la vodka et Nijinski envoya les portiers chercher des viandes, du pain blanc, du caviar, des fruits et des vins. À l'arrivée de ces mets, un spectacle impressionnant se déroula devant les yeux effarés des deux hommes. Les femmes se ruèrent sur la nourriture, empoignant les morceaux de viande et y mordant comme des bêtes. Figés d'horreur, les deux compères furent incapables de toucher à quoi que ce soit. À la fin du repas, Bourman repoussa une des filles qui, s'avançant vers lui menaçante, s'était emparée d'une bouteille vide que Nijinski eut juste le temps de lui arracher des mains. Après leur avoir distribué les 400 roubles qui leur restait, Nijinski et Bourman disparurent bien vite.

– Mais pourquoi diable as-tu fait cela ? demanda Bourman.

Le danseur, affecté, répondit :

– Maintenant que la chance m'a souri, j'ai voulu apporter quelques heures de bonheur aux créatures les plus misérables et faire cette expérience de voir par moi-même leur degré de malheur.

Mais c'est trop terrible. Je ne le ferai plus.

Il a toujours fallu que Nijinski connaisse les extrêmes. Peut-être est-ce là une exigence de sa nature où, maîtrisés par une discipline de fer, les plus violents instincts se sublimaient en créations artistiques inégalables.

Le 10 octobre 1908, Nijinski passait un contrat officiel avec Diaghilev. Il devait percevoir 2 500 francs en échange de sa participation à la saison parisienne de 1909. Officieusement le fondateur des Ballets russes avait la prétention de « former un jeune prodige. »

Le danseur était naturellement sensible à la musique mais ne connaissait rien à la peinture, aux arts visuels et aux effets scéniques. Dès lors, Diaghilev l'emmena partout, dans les galeries d'art, les musées, surveilla ses lectures, sa nourriture et son bien-être.

Cette union « n'allait pas produire d'enfants, mais changer l'histoire de la danse, de la musique et de la peinture à travers le monde et donner naissance à de nombreux chefs-d'œuvre. »

Diaghilev associa pleinement Nijinski à la préparation de la saison parisienne suivante en l'introduisant dans son comité artistique régulièrement réuni dans son appartement du quai des Anglais sur la Neva. Le danseur ne parlait guère, si ce n'est pour répéter les derniers mots prononcés par Diaghilev. Ce n'est pas qu'il ne comprît pas ou qu'il n'y portât pas intérêt, simplement, la parole n'était pas son univers, il s'exprimait à travers les gestes, la danse et la musique. C'est pour cela que les grands créateurs comme Stravinsky ou Picasso le considéraient comme un génie et les beaux parleurs et les mondains comme un « idiot génial ».

Dans ce décor pétersbourgeois dépouillé où se mêlaient gris et beiges étaient suspendus les nombreux tableaux rassemblés par Diaghilev. Dans la salle à manger où les conspirateurs avaient l'habitude de se réunir autour d'une longue table recouverte par un tissu, le fidèle serviteur Vassili servait du thé parfumé aux cerises et des petits gâteaux.

Boris Kochno disait que Diaghilev réunissait des « familles de créateurs ». Les peintres Benois, Bakst et Serov étaient toujours présents, ainsi que le général Bezobrazov, parrain du ballet de Saint-Pétersbourg, et Serge Grigoriev, régisseur de Diaghilev. Lors de l'un de ces conciliabules, le futur « tsar des Ballets » manifesta son désir de modifier substantiellement *Cléopâtre*, dont il n'aimait pas la fin.

« Nous étions assis silencieux, raconta Grigoriev. Fokine s'exprima le premier : "Ce sera donc carrément un nouveau ballet alors !" »

Cette idée n'était pas pour déplaire au chorégraphe qui, las de se contenter de la mimique stéréotypée devenue traditionnelle dans les ballets, poussait ses danseurs à dramatiser les rôles qu'ils incarnaient ; à insuffler de la vie à leurs personnages afin qu'ils expriment des sentiments authentiques.

– Qu'importe, dit Diaghilev, êtes-vous d'accord avec moi ?
« Nous avons tous dit oui, poursuit Grigoriev. Bakst s'est mis à tracer instantanément le projet de la scène comme il le visualisait. Diaghilev s'est installé au piano pour expliquer le rythme des danses orientales qu'il voulait introduire dans le spectacle. »

Diaghilev était particulièrement sensible à la scénographie. En Bakst, il avait trouvé le peintre de scène qui réussissait à exprimer ses conceptions sur l'intégration de la couleur et du dessin à la musique et à la danse, les rendant déterminants dans l'harmonie rythmique, provoquant ainsi une révolution des conceptions de l'art du ballet.

Mathilda Kchessinskaïa était enchantée à l'idée de partir pour Paris avec la troupe, mais c'était sans compter sur la désapprobation de Fokine. La considérant comme une danseuse « démodée », inadaptée à ses nouveaux projets, il n'était guère enclin à l'introduire dans ses ballets. Diaghilev, lui, ne l'entendait pas ainsi. Kchessinskaïa devait danser à tout prix, à cause de sa renommée, certes, mais surtout compte tenu de son influence.

Avec regret, Fokine accepta donc de la faire danser dans un ballet seulement. Diaghilev pensa qu'elle allait jouer le jeu, vu l'importance de cette tournée parisienne. Pourtant ce ne fut pas le cas. Quand elle apprit qu'elle n'avait qu'un rôle à exécuter, elle se désintéressa totalement du projet.

Nijinski devait interpréter le rôle d'Armide ainsi que celui du Poète dans *Les Sylphides*, avec Pavlova. Anna Pavlova serait Ta-Hor dans *Cléopâtre*.

Mais qui allait être Cléopâtre ?

Depuis quelque temps déjà, Fokine donnait des cours particuliers à une jeune et belle femme du monde, fille d'un riche marchand. Elle avait une beauté étrange mais captivante. Les yeux d'un bleu-vert énigmatique allongés vers les tempes, un nez assez proéminent qui aurait pu être disgracieux lui donnait au contraire du caractère. Et Bakst vit se dessiner sous les traits de cette créature de rêve, qui n'était cependant ni actrice ni danseuse professionnelle, le visage de Cléopâtre.

Ainsi apparut dans le monde des ballets russes Ida Rubinstein. Nombreux, au sein de l'équipe, furent réticents, mais Diaghilev avec son génie des relations publiques accepta avec enthousiasme, certain que la présence d'une élégante femme riche au sein de la troupe ne nuirait pas.

Les décors des opéras et du ballet *Le Pavillon d'Armide* devaient être prêtés par les Théâtres impériaux, mais il fallait fabriquer ceux de *Cléopâtre* et des *Sylphides*. Pour cela, l'influent protecteur de la troupe, le grand-duc Vladimir, avait obtenu de l'empereur une subvention de 100 000 roubles.

Au début de l'année 1909, les projets sur lesquels Diaghilev avait travaillé avec la ténacité qui le caractérisait étaient sur le point de se réaliser.

Mais, en février, la force du destin le frappa de plein fouet, avec la mort du grand-duc Vladimir. « Je suis arrivé au palais du grand-duc, raconta plus tard Diaghilev, présenter mes condoléances. Comme je me tenais près de lui, j'aperçus à travers mes larmes le visage d'un homme sortant de l'ombre. C'était l'Empereur. S'approchant de moi, il a murmuré : *il vous aimait beaucoup.* »

Diaghilev était inconsolable, non seulement il avait perdu un ami mais aussi un fervent soutien...

En effet, la détérioration de la situation fut rapide : les subventions promises n'étaient plus à l'ordre du jour. Et voilà que le grand-duc Andreï, propre fils du défunt, jaloux de l'influence de Diaghilev sur son père, s'était plaint au tsar, dénonçant « l'art décadent » propagé par le créateur des Ballets russes.

La lecture de la lettre du secrétariat impérial annonçant que la subvention avait été supprimée tira des larmes aux membres du comité réunis quai des Anglais. Mais Diaghilev n'était pas homme à renoncer à ses projets. Il déclara furieux : « Le tsar ne peut pas se conduire ainsi. Même s'il me propose de l'argent maintenant, je refuserai. Et puisque la Russie ne veut pas m'aider, je vais m'adresser aux étrangers. »

Un fabricant de chaussures de Riga était prêt à offrir de dénouer les cordons de sa bourse pour la troupe, si Diaghilev parvenait à le faire anoblir. La grande-duchesse Marie Pavlovna, épouse de feu le grand-duc, promit alors à Diaghilev d'écrire une lettre de recommandation à l'empereur Nicolas II, pour soutenir la démarche de l'homme d'affaires, mais elle aussi se désista.

L'édifice qu'il avait réussi à construire semblant s'écrouler, Diaghilev entreprit de parer au plus pressé. Il partit donc directement pour Paris afin de rencontrer Astruc. Celui-ci réussit à obtenir des banquiers français, du baron de Rothschild et bien sûr de Mmes Greffhulhe, Edwards, future Missia Sert (qui deviendra vite l'une de ses plus fidèles amies), et la richissime princesse de Polignac (d'origine américaine et fille d'Isaac Singer, l'inventeur de la machine à coudre), des subventions s'ajoutant aux 100 000 francs promis par lui-même. Diaghilev rentra au pays triomphant.

Cependant, d'autres revers l'attendaient sur son parcours. La lettre du grand-duc Andreï déclarant que l'art de Diaghilev « salissait la mémoire de son cher papa », avait également entraîné l'interdiction d'emporter les décors du Mariinski et du Bolchoï à Paris. Il fallut donc changer le programme des opéras qui exigeaient un lourd décor, et en créer de nouveaux pour *Le Pavillon d'Armide*.

Le droit d'utiliser le théâtre de l'Ermitage pour les répétitions fut aussi supprimé.

En compagnie de son secrétaire Marvine, il visita en une après-midi toutes les salles de Saint-Pétersbourg susceptibles d'accueillir ses artistes. Toute leur vie, ces derniers allaient se souvenir de leur procession pittoresque entre l'Ermitage et la salle du canal Catherine. Ainsi les préparatifs de la saison parisienne purent entrer dans leur phase finale.

Avant de partir pour Paris, Diaghilev fit un geste inattendu : il alla prier au monastère de la Trinité-Saint-Serge près de Moscou. Il partit aux aurores, emportant pour déjeuner quelques œufs cuits, du pain noir et du sel. En ce dimanche de printemps il traversa les remparts de l'enceinte aux treize églises par la Porte sainte. Les coupoles bleues parsemées d'étoiles de la cathédrale de l'Assomption brillaient sous le soleil, tout comme les dômes dorés des cathédrales de la Dormition et de l'Archange. Il choisit d'entrer se recueillir à la Trinité, la plus ancienne et la plus austère de ces églises.

Pourtant Diaghilev n'était pas religieux ni même croyant au sens ordinaire du mot. Mais il était toujours sensible à la beauté des rites. On eût dit que cette fois, il voulait emmener avec lui en France toute la beauté de cette Russie éternelle qui émanait des murs de ce haut lieu de la spiritualité chrétienne.

LA GRÂCE VENUE DES NEIGES

Le 3 mai 1909, enfin, Diaghilev arrivait à Paris. L'immense verrière était obscurcie par le noir de fumée et des jets de vapeur qui fusaient au-dessus des quais comme l'haleine brûlante des monstres de métal. Ce puissant souffle allait être pour le directeur des Ballets russes un signe précurseur du succès.

Les représentations devaient avoir lieu au Châtelet. Mais le théâtre, spécialisé dans la présentation des mélodrames comme *Gavroche* ou des romans de Jules Verne, était vétuste et délabré. Qu'à cela ne tienne, Diaghilev exigea de ses partenaires français qu'on en refît ni plus ni moins la décoration entière. Le théâtre fut alors entièrement réaménagé, les sièges recouverts de velours cramoisi ; neuf rangs furent supprimés pour pouvoir accueillir l'orchestre, et à la place du parterre furent installées des loges. La société Belsacq réussit la prouesse de réaliser les travaux en quelques semaines.

L'agent de liaison entre ce monde et le sien était Jean Cocteau. Dès que Diaghilev arriva à Paris il lui téléphona. Cocteau se précipita à son hôtel et le mit au courant de la chronique parisienne.

Le Paris fréquenté par Diaghilev se limitait à quelques lieux précis comme des hôtels de luxe (il préférait le Ritz) ou quelques restaurants comme Larue ou le Pré Catelan, quelques rares promenades au bois de Boulogne, les galeries d'exposition et les musées, le Louvre surtout, qu'il fréquentait assidûment, un certain nombre de maisons et d'hôtels particuliers, comme ceux des Beaumont, des Noailles. Il ne fut d'ailleurs jamais un habitué des lieux à la mode, comme Montparnasse ou les boîtes de nuit. Diaghilev détestait sortir et considérait comme de fastidieuses obligations les spectacles montés par d'autres. Il n'assistait à des concerts que pour des raisons bien précises liées à son travail personnel. Les soirées de ballet avaient tout de même sa préférence : il allait à l'Opéra.

La troupe des Ballets russes s'était à son tour acheminée vers Paris dans un étrange sentiment d'impatience et d'appréhension, la capitale française étant considérée comme la ville des plaisirs…

L'arrivée de ces Russes, telle une caravane de Tziganes, suscita l'étonnement dans le petit hôtel du boulevard Saint-Michel. D'une chambre à l'autre, on entendait des exclamations qui sonnaient comme les appels de la steppe. Même la jeune Tamara Karsavina, pourtant bien élevée, ne parvenait pas à contenir ses sentiments.

Le Pont-au-change, qui était leur passage obligé pour se rendre au Châtelet, devint une véritable curiosité pour les badauds. Karsavina raconta d'une manière naïve et charmante dans ses Mémoires :

« Je m'étais fait une si extravagante idée de l'élégance parisienne, qu'au fond de moi je m'attendais à trouver les rues semblables à des salles de bal et peuplées uniquement de jolies femmes marchant dans un frou-frou de jupons de soie. On peut reconnaître une Parisienne entre mille à la manière inimitable dont elle retrousse ses jupes, avais-je entendu dire. En sortant de la gare au petit matin, je rencontrai uniquement des ouvriers, de braves et grosses ménagères drapées dans d'indescriptibles châles qui portaient aux pieds des souliers éculés et leur panier à provisions au bras.

J'avais eu, d'autre part, une peur épouvantable de paraître provinciale et je m'étais efforcée de combiner des toilettes élégantes avant mon voyage, m'assurant que c'était le dernier cri de la mode parisienne. Un jour, peu après mon arrivée, je passais par une petite rue écartée. Une troupe de gamins s'arrêta pour me regarder passer. Ça y est, me dis-je, ils se moquent de moi ! Et je me retournai pour voir si mon humiliation avait d'autres témoins. Les gamins entonnèrent en chœur : "Elle est gentille parce qu'elle est chic !" Ce concert de voix faubouriennes fut pour moi un vrai bonheur, car les gamins de Paris, me disais-je, avaient sûrement du goût. »

Certes, les femmes russes, avec leur don inimitable de l'intégration, s'étaient fondues dans le décor avec leurs petits chapeaux et leurs bas de soie, mais les hommes eurent beaucoup de peine à s'acclimater.

Les Ballets russes jetèrent leur dévolu sur certains restaurants comme le Bouillon Duval ou le Bouillon Durand, sans oublier le Tourtel, boulevard de la Madeleine. C'est là que débuta un drame sournois. L'ami et secrétaire de Diaghilev, Marvine, cherchant à se consoler du triomphe de son rival de cœur Nijinski, s'éprit d'une étoile de la troupe, Olga Feodorova. Et la jeune ballerine répondit à ses avances. Furieux, le directeur des Ballets russes s'en offusqua et congédia le traître.

La quinzaine qui précéda les représentations fut donc pleine de fièvre. Des machinistes à l'administration, tous prenaient ces Russes pour des fous.

Tandis que les ouvriers clouaient et sciaient, se déroulaient tant bien que mal les répétitions. Elles avaient lieu jusqu'à des heures tardives.

« Plus le jour fixé approchait, poursuit encore Karsavina, plus il semblait improbable qu'un spectacle bien ordonné pût jamais émerger de ce chaos. C'était *Armide* qui donnait le plus de difficultés. Impossible d'apprendre aux figurants engagés pour l'occasion à marcher en mesure sur la musique, la porte de la trappe grinçait, la tapisserie enchantée semblait véritablement douée de pouvoirs magiques, Fokine devenait chaque jour plus maigre. »

Chaque fois qu'une répétition était interrompue, Nijinski et Karsavina s'entraînaient au fond de la scène. Svetloff, historien et chroniqueur fidèle de cette nouvelle phase de l'art du ballet, était là. Le vénérable général Bezobrazov, arbitre de la technique chorégraphique, assidu du quai des Anglais, avait aussi suivi la troupe. En sa personne, le « révolutionnaire » Diaghilev rendait hommage à la tradition.

Bien-sûr, les journées ne se passaient pas sans heurts ou sans de vifs accès de colère, mais chacun donna le meilleur de lui-même.

Les journalistes parisiens qui découvraient les Ballets russes parlèrent d'une invasion barbare.

Paris recevait en plein visage ce vent frais venu des steppes sauvages qui, d'un coup, dépoussiérait l'art occidental.

Serge Diaghilev avait réussi son entrée.

Il avait su réunir autour de lui une authentique équipe. Pendant cette première saison des Ballets russes à Paris, aucun créateur ne fut privé de son identité propre. Et tous les artistes de la troupe, lorsqu'ils ne participaient pas au spectacle, venaient quand même au théâtre.

Karsavina disait : « En adoptant Paris comme champ de bataille principal Diaghilev avait d'abord suivi son goût. Il partageait avec les gens de son milieu cet amour pour la culture française qui est inné dans notre aristocratie et développé encore par l'éducation. Sans doute entrait-il aussi dans le choix de cette ville un élément de calcul, car Serge combinait tout avec une stratégie de joueur d'échecs et prévoyait le contrecoup de chaque décision. »

Un jour, le peintre Jacques-Émile Blanche lui demanda : « Pourquoi ne vous passez-vous pas de nos suffrages, au moins pour quelque temps, vous que l'on désire et appelle partout à la fois et qui vous plaignez d'une tendance réactionnaire en France ? »

Diaghilev répondit : « C'est que nous ne travaillons que pour vous. Vous êtes trente personnes à Paris. »

Parmi tous ses talents, Diaghilev avait un don prodigieux de la publicité, aussi l'intérêt de ces Parisiens avait-il été alerté par la presse, entretenant le public dans une attente fiévreuse. Alors que sur toutes les colonnes Morris était affichée l'image de Pavlova, le murmure des salons, porté par le « réseau » des amis des Ballets russes animant tous les soupers de la capitale, n'avançait plus qu'un nom, celui de Nijinski.

« Il paraît que vous avez parmi vos danseurs un prodige, un garçon d'un talent formidable ? »

Cette même interrogation qu'on entendait partout provoquait un sourire narquois chez Diaghilev, ravi de constater à quel point ce battage faisait des émules. En effet, en regardant Nijinski, jeune homme de taille moyenne au physique somme toute ordinaire, avec une grosse tête, les yeux bridés, hérités des invasions tartares, on ne pouvait pas deviner quel génie l'habitait. Mais la scène et la présence du public le réveillaient, produisant une transformation profonde de sa personnalité.

Afin que chacun comprenne cette miraculeuse métamorphose, Diaghilev invita des personnalités du monde artistique et des journalistes à assister à certaines répétitions.

Cocteau (plus sensible que quiconque au style révolutionnaire de Diaghilev), la poétesse Anna de Noailles et les critiques Robert Brussel et M.D. Calvocoressi étaient souvent présents. Dethomas faisait des croquis de Nijinski dans toutes ses attitudes.

Anna de Noailles, Cocteau et Brussel s'extasièrent sans retenue : « C'est un dieu. Qu'il est beau ! Divine ! C'est génial ! Éblouissant ! Inouï ! »

Bien qu'ils furent priés de se taire en termes sans équivoque, le silence imposé n'empêcha pas pour autant Brussel de badiner avec Karsavina, ni Cocteau avec Nijinski. Ces flirts innocents ne firent rien pour rendre Cocteau cher à Diaghilev ou Brussel à Fokine. Celui-ci, toujours un peu amoureux de Karsavina, donna même l'ordre à Brussel de quitter le théâtre.

L'extravagante saison d'où allait naître une ère nouvelle débuta le 19 mai 1909 avec *Le Prince Igor*, *Le Pavillon d'Armide* et une suite de danses intitulées *Festins.*

En dépit des rumeurs et de l'excitation générale, personne ne s'attendait au formidable succès qu'obtint la première représentation des Ballets russes. Les jongleries financières de Diaghilev apparaissaient soudain sans importance, mesurées à l'or pur qu'il prodigua ce soir-là. Les Russes dansèrent avec une telle force, une telle grâce et une telle passion. La toile de fond illustrant la steppe désolée du *Prince Igor* avait le sombre éclat de certaines boîtes de laque où transparaît sous l'or usé un rouge poudreux. On sentait le ciel bas, vers lequel montaient de grands feux tristes. Quelle détresse majestueuse dans ce paysage indéfini ! La lumière de cuivre qui baignait l'espace devenait, semblait-il, la couleur même de la fièvre. La beauté du décor, l'agilité des jeunes ballerines, la puissance des danseurs martelant le rythme des danses polovtsiennes du *Prince Igor* de Borodine furent autant de révélations, tout comme le pas de trois de Karsavina, Baldina et Nijinski, dont le costume était une forme simplifiée du costume masculin du XVIIIe siècle, blanc avec des parements d'argent. Il était coiffé d'un turban de soie blanc sur lequel s'élançait une plume d'autruche.

Le public haletant regarda le trio s'élever et retomber, et, quand à la fin de la danse, Nijinski, au lieu de courir après les deux ballerines, choisit un « saut d'impulsion » – le premier de ses célèbres sauts puissants et extraordinaires qui allaient faire sa renommée – l'auditoire exulta dans un tonnerre d'applaudissements.

Nijinski, en effet, faisait preuve, comme nous l'avons vu, non seulement d'une maîtrise absolue, mais aussi d'un don d'élévation surhumain. Sur son exemple les maîtres de la danse réalisèrent soudain que la danse masculine pouvait dans un ballet être aussi sublime que celle de la danseuse la plus gracieuse, la plus aérienne, la plus éthérée.

Ainsi le solo du danseur devint-il l'un des éléments essentiels de toute œuvre chorégraphique.

Quant au *Pavillon d'Armide*, le jeune Nijinski n'y fit qu'une brève apparition : seulement trois minutes qui enflammèrent le public et décidèrent de sa carrière, tandis qu'il bondissait et rebondissait, volant sans toucher terre.

Diaghilev était ému, bouleversé. Il avait tant attendu ce moment, tant lutté pour y parvenir.

Des centaines de spectateurs se précipitèrent dans les coulisses pour apercevoir leurs nouvelles idoles, Tamara Karsavina et Vaslav Nijinski.

Comme à Saint-Pétersbourg, leurs loges furent envahies de corbeilles de roses et il fallut des fiacres entiers pour les transporter jusqu'à leurs domiciles respectifs.

Le 20 mai, *Le Figaro* écrivait : « Quelle soirée, quelle salle, quelle assistance ! », cependant que dans les coulisses, ce triomphe avait engendré des psychodrames. En effet, la ballerine Karalli, du Bolchoï, blessée par le succès de la jeune Karsavina, s'enfuit dans le midi de la France en compagnie du ténor Sobinov à qui elle avait pourtant si longuement résisté.

Diaghilev n'eut guère le temps d'assouvir sa rage car à neuf heures le rideau devait se lever sur la première exécution de *La Fille de Pskov* (ou *Ivan le Terrible*), avec Chaliapine.

Vint alors la représentation de *Cléopâtre*. Sur les planches du théâtre transformé en temple d'Égypte, les filles du pharaon s'adonnaient sans pudeur aux jeux de l'amour. Pleines de grâce, elles déployaient leurs caresses lascives.

On aurait hurlé, s'il n'y avait pas eu la touche géniale du chorégraphe Fokine. Pour la première fois, on atteignait la perfection, costumes, musiques, décor et peinture étaient en absolue symbiose, et sur cet ensemble étonnant passait un souffle nouveau. Cocteau fit une description inspirée du spectacle : « Enfin parut Cléopâtre, portée, balancée entre les épaules de six colosses en rose et ambre, une sorte de coffre d'ébène et d'or autour duquel un jeune nègre déployait une hâte diligente, le touchant, lui faisant place, stimulant les porteurs.

On déposa le coffre au centre du temple, on ouvrit ses battants et on en tira une manière de momie, de paquet de voiles, qu'on plaça debout sur des patins d'ivoire. Alors quatre esclaves commencèrent une étonnante manœuvre. Ils déroulèrent le premier voile qui était rouge avec des lotus et des crocodiles d'argent, le second voile qui était vert avec toute l'histoire des dynasties en filigrane d'or, le troisième voile qui était orange avec les rayures du prisme, et ainsi de suite jusqu'à un douzième voile qui était bleu sombre et sous lequel on devinait une femme... Le douzième voile bleu sombre libéra Mme Rubinstein qui le fit choir, elle-même, d'un geste circulaire. Mme Rubinstein était debout, penchée en avant. Elle portait une petite perruque bleue avec, à droite et à gauche de son visage, une courte natte d'or. Elle était là, démaillotée, les pommettes pâles, la bouche entrouverte... »

Le public fut stupéfait par cette beauté élancée aux allures de garçonne. Si ses talents de ballerine ou de comédienne soulevèrent quelques réticences, sa formidable présence sur scène fit en revanche l'unanimité.

Tout le monde attendait une heureuse saison, mais personne n'avait présagé un tel tremblement de terre. L'apparition de talents exceptionnels comme Nijinski, devenu soudain une vedette européenne, Chaliapine aux accents de tonnerre, Pavlova, avec ses inimitables pas de deux, Bakst, peintre de scène qui réussit à exprimer ses conceptions sur l'intégration de la couleur et du dessin à la musique et à la danse, les rendant déterminants dans l'harmonie rythmique. Et enfin Ida Rubinstein, statue d'audace et de sensualité lorsqu'elle laissait glisser de ses épaules superbes les voiles de Cléopâtre.

L'apparition d'Ida en reine d'Égypte portée par la musique de Glazounov, entourée d'amants insolents, dans un costume transparent dessiné par Bakst cachant à peine sa nudité admirable, provoqua une secousse qui restera à tout jamais dans l'histoire de l'art.

Tout était nouveau, tout était révolutionnaire et rien ne pouvait être attendu. Les décors de Bakst et Benois, avec leurs roses choquants, leurs jaunes agressifs et leurs violets tranchés, présageaient les couleurs de la peinture moderne. La musique elle-même était si déconcertante pour des oreilles françaises que certains critique parlèrent de « vandalisme musical ».

Pourtant, chacun comprit que c'était une véritable illusion de la vie qui avait été créée devant eux.

Le peintre Alexandre Benois dira plus tard :

« Notre primitivisme sauvage, russe, notre simplicité et notre naïveté ont séduit Paris, cette ville culturelle par excellence, où ils paraissaient plus fins et, par conséquent, plus avant-gardistes que l'art élaboré sur place. Nous avons besoin de nos spectacles russes pour l'orgueil de la Russie, mais ce qu'il y a de plus surprenant, c'est que Paris en a encore plus besoin que nous. Nouveaux thèmes, nouveaux corps, nouveaux sentiments. Nouvelle ère dans l'art. »

Pour la plupart de ses artistes, Diaghilev était un dieu lointain, à Paris il s'imposait aussi comme la figure à la mode, véritable leader du milieu artistique, figure de proue incontestable de la communauté homosexuelle de la capitale française, adulé non seulement par les plus jeunes comme Cocteau mais aussi par leurs aînés tels que Proust. Pour Nijinski, Karsavina et Chaliapine, il était plus qu'attentif et les emmenait toujours souper après les représentations au bois de Boulogne ou chez Larue.

La dernière représentation de la saison eut lieu le 18 juin, faisant place à la saison des bals.

Ainsi, deux jours auparavant, le poète à la mode Robert de Montesquiou avait-il donné une grande fête en l'honneur de sa nouvelle muse, Ida Rubinstein. Le comte Robert organisait en effet des fêtes somptueuses auxquelles assistaient les élus du Faubourg et les artistes les plus renommés. Les premières années du XXe siècle avaient vu les plus éblouissantes de ses réceptions. Secondé par sa cousine, la comtesse Greffulhe, mécène des Ballets russes, il multipliait les bals costumés et les grandes soirées musicales aux chandelles.

Ami de Mallarmé, Robert de Montesquiou se lia avec Verlaine quelque temps avant la triste fin du poète maudit. Parmi les musiciens, il connut et admira Fauré et Debussy.

Certes, il n'était pas aimé de tout le monde. Son assurance, sa morgue, son intransigeance, ses reparties cinglantes, en agacèrent beaucoup. Et ses vers ampoulés évoquant plus le siècle finissant que l'avant-garde ennuyaient la jeune génération. S'il déclarait volontiers des « passions » pour les plus belles femmes de Paris, écrivant des vers enflammés pour Sarah Bernhardt ou les dames du Faubourg, ou encore n'hésitait pas à se battre en duel pour un oui ou pour un non, on ne lui connaissait cependant aucune attache sentimentale féminine.

C'est donc avec son exaltation habituelle que Robert de Montesquiou fut tout de suite saisi par la beauté d'Ida Rubinstein, dès sa première apparition dans *Cléopâtre.*

Subjugué par la jeune Russe, le poète raconta à quel point il fut impressionné lorsqu'il se rendit à son hôtel : « Le premier jour où des circonstances d'art me donnèrent d'aller lui rendre visite, il se passa une chose bien singulière, assez humiliante pour moi, je l'avoue. (...) Une fois entrouverte la porte du salon où se tenait celle que j'allais voir, et bien que sa silhouette ne fût pas du tout visible, j'éprouvai la sensation que l'atmosphère était imprégnée de beauté. La porte franchie, ce que je vis me parut si surprenant que j'essayai de parler, sans pouvoir y parvenir. »

Il faut dire qu'Ida, de par sa fortune, avait acquis l'assurance d'une reine et en avait l'allure. Depuis son enfance elle habitait des demeures prodigieuses, vivant au milieu d'œuvres d'art et de meubles estampillés ; elle n'était guère impressionnée par les aristocrates.

Les Russes ayant pour coutume d'apprendre des pages entières de vers, la belle Ida, qui avait une excellente connaissance du français, déclama vite ceux de son nouvel ami. Partout, d'ailleurs, on lui demandait de réciter des poèmes. Et, de sa voix rauque et grave, elle fascinait le Tout-Paris avec les vers de Montesquiou, avec son fort accent, sa haute silhouette soulignée par les tenues à la mode de la maison Worth, robes vaporeuses, traînes et bandeaux surmontés de longues aigrettes.

Le poète ne recula devant rien pour mettre en scène sa *Terpsichore*, en faisant tout simplement appel à Fokine et à Bakst pour régler les petits détails de la danse de Cléopâtre, transformée pour l'occasion en danse de Terpsichore. Il désirait que ses muses évoluent sur un fond ivoire, comme sur le flanc d'un vase grec. Découragé par le budget que lui présenta le metteur en scène, il s'en fallut de peu qu'il y renonçât, quand la mort d'un de ses amis résolut son problème. Les obsèques en grande pompe à la Madeleine ayant en effet nécessité des mètres carrés de drap funèbre, Montesquiou les racheta à bas prix, et en fit son décor. Malheureusement, deux muses allaient manquer le 16 juin. Madame Segond-Weber, terrassée par la grippe, se fit excuser et Ida Rubinstein n'interpréta pas Terpsichore. Nul n'en connut la raison...

Après les extravagances de ce poète, ce fut le tour de M. et Mme Maurice Ephrussi, richissime couple de marchands originaires de l'empire des tsars, qui invitèrent leurs amis à une soirée artistique dans les jardins de leur maison avenue du Bois, le dimanche 20 juin.

Le ballet *Les Sylphides*, dansé par Karsavina, sur un fond de bouquets d'arbres flamboyants de lumières, fit sensation. Mme Ephrussi, admiratrice fervente de la *prima ballerina*, lui offrit mille francs pour sa prestation et, tel un amoureux transi, fit déposer à ses pieds une gigantesque gerbe de roses.

Mais une nouvelle inquiétante assombrit la soirée. Nijinski était tombé malade, épuisé par la cadence des représentations.

Après l'avoir examiné, le Dr Botkine, médecin du tsar et ami personnel de Diaghilev, diagnostiqua la fièvre thyphoïde – heureusement un cas bénin. Vaslav fut malgré tout obligé de quitter son hôtel pour aller s'installer dans un appartement privé où il resta confiné pendant un mois avec une infirmière à sa disposition, le tout aux frais de Diaghilev bien sûr. Diaghilev rendait souvent visite à son ami, même s'il continuait à mener une vie mondaine bien remplie.

Le 17 juillet, la comtesse Greffulhe donna une grande fête à Bagatelle, en l'honneur de la Société des grandes auditions musicales dont elle était la présidente et l'animatrice inlassable. À l'époque Bagatelle était une propriété privée appartenant à lady Richard Wallace. Quelques familles aristocratiques, comme, les d'Arenberg et les Greffulhe, en avaient la jouissance pour faire, ébattre leurs enfants et y recevoir leurs invités.

À la fin du mois de juillet, Robert de Montesquiou (encore lui) donna un grand dîner avant le départ d'Ida pour l'Italie, au Restaurant de Paris, un lieu fréquenté par l'élite parisienne. Rodin, le professeur Pozzi, Léon Bakst et Reynaldo Hahn figuraient parmi les brillants convives.

Au terme du mois de juillet, après ces fastueuses réceptions, le Tout-Paris se dispersait. Les uns s'en allaient dans leur château familial, festoyer avec les châtelains du cru, les autres dans de luxueuses villas sur la côte normande ou dans les grands hôtels de Cabourg ou de Deauville, avant de gagner la campagne pour se reposer de l'air marin et de la fièvre des casinos. Les artistes des Ballets russes quittèrent aussi la capitale française.

LE TEMPS DES SPLENDEURS

La saison parisienne de Diaghilev se termina dans une auréole de gloire...et sous un monceau de dettes. Mais les Français ne gardèrent dans leurs cœurs que la rutilance des décors de Bakst et les bonds prodigieux de Nijinski.

Comme le déclara un critique il y eut désormais dans l'histoire de l'art « un avant et un après les Ballets russes » !

La plupart des danseurs faisaient encore partie des troupes des théâtres impériaux et, s'ils avaient eu l'autorisation de venir en France, il fallait qu'ils reprennent leurs engagements en Russie.

Ida Rubinstein, elle, n'était pas attachée aux théâtres impériaux. Si elle appartenait à la troupe de Diaghilev, elle n'avait jamais touché un cachet (un vilain bruit courut même qu'elle avait obtenu sa participation à la tournée en finançant l'entreprise de Diaghilev). Ida passa donc tout le mois de juillet 1909 en Italie. Commençant par Naples, elle gagna la Sicile où elle fit un long séjour. Et, au début du mois d'août, elle se rendit en Angleterre, ainsi qu'en témoigne une de ses premières lettres adressées à Robert de Montesquiou.

Pendant ce temps, Diaghilev et Bakst accompagnaient Nijinski pour plusieurs semaines de convalescence à Karlsbad, à l'hôtel Schöffler qui se tenait sur une colline parmi les forêts de pins, à côté de l'église russe ; puis à Venise où ils parcoururent les palais et les musées et se baignèrent. Bakst peignait Nijinski contre la lagune bleue, sur la plage du Grand Hôtel des Bains de Mer du Lido. Le soir, Diaghilev les emmenait aux réceptions de la société vénitienne tout excitée de les recevoir. Dans un palais du Grand Canal, chez la marquise Casati entourée de serviteurs aux couleurs d'ébène, ils rencontrèrent D'Annunzio et Isadora Duncan. Ce soir-là, celle-ci proposa à Nijinski, par l'intermédiaire de Diaghilev, d'avoir un fils de lui. Si le clown de Dieu se contenta de sourire, il n'en admirait pas moins Isadora pour son art, pour cette libération de l'instinct, ce retour au naturel qu'elle venait prêcher à Saint-Pétersbourg quand il était élève à l'École impériale.

Mais les succès artistiques et mondains de Diaghilev, son propre amour pour Nijinski, avaient mis toutes pensées d'argent hors de son esprit. Le directeur des Ballets scella même ses « fiançailles » avec Nijinski par une grosse bague de chez Cartier, ornée d'un saphir.

Pourtant, les affaires allaient plutôt mal. Les dépenses avaient dépassé les recettes : l'entreprise était donc déficitaire. Et Diaghilev ne pouvait rembourser que la moitié de sa dette à Astruc qui s'élevait à 76 000 francs. Celui-ci saisit alors la justice et, suite à la décision du tribunal, Diaghilev dut céder les accessoires et les costumes de la saison russe.

Astruc s'empressa de les vendre à bon prix au directeur de l'Opéra de Monte-Carlo qui se hâta de monter sa propre version d'*Ivan le Terrible* en utilisant les biens précieux qu'il venait d'acquérir.

Un être raisonnable eût songé à rembourser ses dettes, eh bien non, pendant ce temps, le directeur des Ballets russes se mit en quête d'argent pour la saison suivante. Plusieurs mécènes offrirent leur soutien financier dont le baron Dimitri de Gunsbourg qui accepta de rembourser le reste de la somme due à Astruc et de racheter les décors et les costumes de la compagnie. En échange il obtint sa nomination au titre de « codirecteur des Ballets russes ».

Durant cet été 1909, Diaghilev eut même le toupet d'écrire à Astruc pour lui demander le renvoi des partitions musicales et le retour d'un dessin de Serov, original de l'affiche représentant Pavlova et appartenant au Dr Botkine.

La saison devant reprendre pour Vaslav Nijinski au théâtre Mariinski, le directeur des Ballets russes et ses amis quittèrent l'Italie à la fin du mois d'août pour rentrer à Saint-Pétersbourg.

Le retour de Diaghilev dans la capitale russe ne fut pas entièrement triomphal car, si le Tout-Saint-Pétersbourg était informé du formidable succès des Ballets russes, on avait également entendu parler de ses péripéties financières. Pour Vaslav, ce n'était guère plus réjouissant, il allait bientôt recevoir l'ordre de donner sa démission du Mariinski.

Tamara Karsavina raconte dans ses Mémoires :

« Je me rappellerai toujours cette représentation de *Gisèle*, au Mariinski, où, en scène, j'éprouvai la même extase admirative qui tenait toute la salle en haleine. Il me semblait que Nijinski n'avait jamais atteint une pareille perfection. Il avait revêtu un costume dessiné par Benois qui se composait d'un maillot et d'un très court justaucorps ; il se refusait, en effet, à porter les hauts-de-chausse réglementaires et avait eu à ce propos une altercation avec le fonctionnaire de service, tant et si bien que le lever du rideau avait dû être retardé de quelques minutes. Fut-ce l'insubordination de Nijinski qui poussa la direction à prendre une décision, ou y a-t-il une part de vérité dans les rumeurs qui assurèrent que l'impératrice avait désapprouvé ce costume ?... Je l'ignore, mais le lendemain Nijinski reçut l'ordre d'envoyer sa démission. Deux semaines plus tard, on lui reprocha d'avoir « pris des éléments de deux costumes différents pour s'en confectionner un nouveau ».

Après coup, le bruit courut que Diaghilev avait tout simplement provoqué l'incident en incitant le danseur à porter un costume inconvenant. Mais aucun témoignage sérieux n'a confirmé cette rumeur. En revanche, comme à l'accoutumée, le fondateur des Ballets russes manipula brillamment les médias en prévenant ses amis russes comme ses interlocuteurs étrangers, en gonflant l'étendue du scandale.

Et quand, deux jours plus tard, la direction voulut faire revenir Nijinski au théâtre, Diaghilev encouragea celui-ci à ne pas donner suite à cette requête, alléguant que le danseur ne devait pas disperser son talent dans des productions « médiocres » du théâtre impérial.

Libéré de tout contrat, mais sans revenus, il était tout naturel que Diaghilev s'engageât à subvenir à ses frais de logement et d'habillement, ainsi qu'à lui donner de l'argent de poche et à verser une pension à sa mère. Il l'installa donc dans son appartement du quai des Anglais.

Il n'y avait rien de romantique dans cette affaire selon la version de Nijinski donnée dix ans plus tard, alors qu'il subissait un traitement psychothérapique dans une clinique suisse :

« Lorsque j'étais alité dans cette maison avec de la fièvre, Diaghilev m'a fait une proposition. Il s'était rendu compte de ma valeur et avait peur que je ne le quitte, parce que je voulais partir, même à ce moment-là, à vingt ans. Je me mis à avoir peur de la vie… Je ne voulais pas accepter. Diaghilev s'est assis au bord de mon lit et a insisté. Je le craignais. J'ai eu peur, alors j'ai accepté. »

À croire que Diaghilev était vraiment le diable en personne. Nijinski, après coup, raisonne souvent en révisionniste, cultivant la haine et les rancunes qu'il avait accumulées à l'endroit de son ancien mentor, passant sous silence le fait incontestable que Diaghilev s'occupa de lui avec beaucoup d'affection. Certes, il avait intérêt à ce que la principale attraction de sa compagnie fût choyée, mais les témoignages sont unanimes, il avait à cœur de faire s'épanouir tout son potentiel artistique.

Ce faisant, il le coupait du reste du monde. Mais Nijinski avait lui-même besoin d'être possédé, il était incapable de faire quoi que ce soit sans protection et sans soutien. Il ne vécut jamais dans la réalité. Il n'existait que par la danse, les Ballets russes étaient son seul univers.

En attendant, Diaghilev accumulait les soucis. En essayant de négocier directement avec l'Opéra de Paris, il avait fait une erreur sérieuse en risquant de concurrencer Astruc car ce dernier planifiait dans la même période une saison d'opéra italien au Châtelet et au Metropolitan Opera, avec Toscanini et Caruso.

En dissimulant ses négociations avec l'Opéra, Diaghilev avait attisé le courroux d'Astruc.

La riposte ne tarda pas. Ainsi en octobre, chercha-t-il tout simplement à priver Diaghilev de son meilleur chanteur, Chaliapine, en lui proposant des contrats. Puis, toujours impitoyable, l'imprésario français tenta même d'écarter Diaghilev de la direction des Ballets russes, en négociant directement avec certains des danseurs de la troupe à Saint-Pétersbourg et en envoyant à des personnalités les plus haut placées des lettres dans lesquelles il critiquait son ancien associé.

Désormais, Diaghilev ne pouvait compter que sur le soutien des amis des artistes pour sa prochaine saison et, comme il se plaisait à le dire, cherchait de nouvelles têtes capables de conquérir l'Europe.

Dans ce contexte dramatique, un jeune élève de Rimski-Korsakov, Igor Stravinsky, allait être sa grande découverte musicale. Leur coopération s'amorça pendant l'hiver 1909-1910, quand le directeur des Ballets russes lui confia la composition de *L'Oiseau de feu*, première partition d'une série de trois ballets (avec *Petrouchka* et *Le Sacre du printemps*).

On attribue souvent à Fokine la réalisation du livret, mais selon Benois, ce fut en réalité un véritable travail d'équipe.

Le peintre Alexandre Golovine brossa les décors et dessina les costumes féeriques à l'orientale convenant à la légende. Karsavina fut choisie pour interpréter l'oiseau magique.

Alexandre Benois, qui avait un faible pour *Gisèle*, insista pour que cette œuvre classique fût aussi reprise au programme de la future saison.

Diaghilev tint à sélectionner pour Nijinski, un répertoire spécial. Ainsi apparut-il dans *Shéhérazade* et *Carnaval* de Schumann, deux créations que Vaslav allait rendre mondialement célèbres en continuant à les interpréter jusqu'à la fin de sa carrière.

Shéhérazade, ballet exotico-érotique inspiré des *Mille et Une Nuits* se déroulant dans un harem, fut mis en scène sur une musique de Rimski-Korsakov. Alexandre Benois décrivit sa création dans ses Mémoires : « La foudre et l'éclair des nègres en rose et ambre, la féroce orgie des étourdissantes caresses, la mort en spasmes prolongés soulignée par la stridence des violons. Rimski-Korsakov peignit la tragédie ; Bakst la décora de rideaux émeraude et de lampes d'argent, et la joncha de tapis de Boukhara et de coussins en soie. Nijinski et Karsavina la firent vivre. »

Le choix de ce ballet était astucieux. Toute la magie de l'Orient était présentée par des artistes russes qui, une fois le spectacle terminé, se comportaient en Occidentaux. En somme, c'était un véritable dépaysement sans les dangers ni les fatigues du voyage.

Diaghilev semblait reprendre confiance. Mais voilà qu'en décembre, un nouveau souci apparut : Nijinski sombra dans une profonde dépression. Le 1er mars 1910, le docteur Dukratov (autre médecin de la famille impériale) établit le premier diagnostic psychiatrique du danseur : « Vaslav Nijinski, âgé de vingt ans, souffre d'une forme aiguë de neurasthénie cérébrale… »

Sur cette toile de fond agitée, Diaghilev décida d'entreprendre une tentative de réconciliation avec Astruc. Et, au printemps, ils se rencontrèrent enfin après des mois de chamailleries. Grâce à l'entremise de son réseau d'amies parisiennes, la comtesse Greffulhe en tête, les relations entre les deux hommes furent rétablies.

Les choses s'arrangeaient.

Nijinski fit lors des saisons 1910 et 1911 une création unique, difficile, sinon impossible à égaler pour ceux qui viendront après lui. Sa perfection technique faisait presque l'unanimité.

À mesure qu'allaient progresser les saisons, artistes et écrivains, représentants de la haute société, têtes couronnées, aristocrates et dignitaires en visite vinrent applaudir avec ferveur les spectacles. Ravel et Debussy ; Proust, Gide, Claudel, Henry James et Joseph Conrad ; les ambassadeurs des États-Unis, de Russie et d'Espagne ; les Rothschild, les Gulbenkian, Isadora Duncan, Sarah Bernhardt, tous assistèrent aux représentations.

Le *Carnaval*, point culminant du programme, donnant libre cours à l'espièglerie fantasque de cet Arlequin que Nijinski portait en lui comme un double, au bras de la plus charmante des Karsavina-Colombine, subjugua les spectateurs. Le peintre Georges Barbier disait : « Dans les tableaux que je fis alors, je le représentai plusieurs fois dans son ravissant costume blanc dont les ornements en losange étaient de couleur tendre, rose et vert ; la cravate était noire et la tête paraissait encore plus petite sous la calotte de soie noire, et le loup noir peint sur la peau ne laissait voir que le bas du visage et les yeux allongés vers les tempes, brillants, hallucinants comme des yeux de chat. Je n'ai jamais vu atteindre cette vivacité, cette élasticité nerveuse et précise, par exemple la petite tête se balançant de droite à gauche si vite qu'on ne la voyait presque plus, cependant qu'il déchirait un certain billet en petits papillons blancs avec une rapidité d'insecte. Et je revois le célèbre entrechat-dix où les dix battements dans un saut vertical se faisaient avec une sérénité si élégante et spirituelle que, cette merveille se renouvelant plusieurs fois, le cœur me manquait d'angoisse.

Allais-je me réveiller ou allait-il s'évanouir ? Mais la salle délirante et bruyante d'acclamations m'assurait du réel. »

Avec *Shéhérazade* les rêves érotiques des Français pour qui l'exotisme avait été nourri de Gautier à Loti, de Delacroix à Moreau, s'incarnèrent dans les corps des jeunes Russes. Proust, qui appréciait particulièrement le talent de Bakst, déclara au sujet de *Shéhérazade* : « Je n'ai jamais rien vu d'aussi beau. » Francis de Miomandre accompagna de ce commentaire les dessins de Georges Barbier représentant Nijinski : « Il nous apparaît comme d'une autre essence que nous, et nous ne sommes pas plus jaloux que nous ne le serions d'un être tombé d'une planète où l'air aurait plus de légèreté que sur la nôtre...

Connaîtrons-nous jamais ce que Nijinski met de soi-même dans ses rôles tragiques ou tendres ? Un vrai poète comme lui ne peut mentir ni se réserver, il se donne tout entier à l'emportement sacré de son imagination. Ne parlons donc pas de masques lorsqu'il s'agit d'un visage qui se modèle lui-même, chaque fois pour chaque passion. Nijinski n'est pas un acteur qui change de costume, c'est un homme qui entre dans des âmes inconnues.

Le bel esclave éthiopien ! Rappelez-vous comme il se rue, lorsque la porte lui est ouverte... Le mouvement qui l'entraîne, le vertige qui l'entoure, la passion qui l'étire sont portés à un tel point de paroxysme que nous ne savons plus vraiment, lorsque dans le tumulte final l'atteint le glaive de l'exécuteur, si, en ces sursauts qui brisent son corps de grand fauve, il a succombé au fer vengeur ou à l'excès insoutenable de sa joie. »

Le marquis de Cuevas raconta comment Nijinski se maquillait pour endosser le rôle de l'esclave d'or lors de la tournée en Amérique latine qui eut lieu plus tard.

« Nijinski employait une couleur très spéciale, un noir cendré. Autour des yeux, il mettait du mauve et du bleu et avait l'air très étrange. On lui apporta une tête vide de nègre, dure et de forme parfaitement ronde. Il l'ajusta et paraissait très beau, ainsi grimé. Pourtant il dissimula presque entièrement cet accessoire sous un turban.

Comme je m'en étonnai et lui demandai pourquoi, avec cette chaleur, il revêtait cette cuirasse presque invisible aux yeux du public, il répondit :

– Si je ne sentais pas que j'ai la tête d'un nègre, je ne pourrais pas danser... »

Ceci dit, l'accessoire en question devait être utile quand, après un bon prodigieux, l'esclave retombait sur la tête !

Ce spectacle emblématique des Ballets russes allait être applaudi dans le monde entier pendant des années. Ce fut un triomphe, surtout pour Bakst. Ses talents de décorateur de ballet avaient eu cette fois-ci la possibilité de se révéler pleinement avec les splendeurs barbaresques d'un Orient imaginaire. *Shéhérazade* influença tout Paris et avant tout les femmes à la mode habillées par Poiret. Désormais les motifs orientaux et les couleurs violentes et tranchées dans les tons d'émeraude et de corail étaient de mise.

L'Oiseau de feu, créé par Fokine et Karsavina, remporta également un vif succès le 25 juin.

Comme à l'accoutumée les artistes furent invités à de nombreuses réceptions données par Paul Poiret, la comtesse Greffulhe et le baron Ephrussi.

Nijinski, qui n'avait rien d'un mondain et ne parlait toujours pas français, y suivait malgré tout Diaghilev. Mais le danseur était protégé par son mentor de tout ce qui pouvait le détourner de son art, notamment les femmes.

La deuxième saison terminée, la troupe des Ballets russes donna quelques représentations au théâtre de la Monnaie, à Bruxelles. De là, le gros de la compagnie rentra à Saint-Pétersbourg tandis que Diaghilev et Nijinski gagnèrent pour quelques semaines de *dolce farniente*, comme l'année précédente, Karlsbad et l'Italie. L'itinéraire des Ballets russes était à peu près le même chaque année. Bien que l'entreprise fût encore très jeune, elle avait poussé de solides racines en Europe occidentale et l'aventure des deux premières saisons se transforma bientôt en routine. Avant de rejoindre la capitale française, la troupe dansait toujours à Monte-Carlo pour clore la saison d'hiver.

La saison des ballets à Monte-Carlo suivait souvent celle de Chaliapine. Selon un accord avec le théâtre impérial, le chanteur donnait un certain nombre de représentations à Moscou et à Saint-Pétersbourg pendant l'hiver et le reste du temps il se produisait dans les capitales d'Europe ou en Amérique.

La saison qui suivit n'allait pas être moins brillante. Le sommet des créations de Nijinski fut incontestablement *Le Spectre de la rose*. Ce petit ballet réglé par Fokine en 1911 à Monte-Carlo, sur la musique de *L'Invitation à la valse* de Weber, créa d'un coup le mythe de Nijinski. Bien sûr, l'élévation du danseur était à elle seule suffisante pour créer un chef-d'œuvre hors pair. Mais là, la possibilité lui fut offerte de se livrer à ses incomparables « ascensions verticales » dont Levinson a dit qu'elles étaient l'idéal sublime de la danse.

Diaghilev obtint que des salles du Palais soit mises à sa disposition pour les répétitions. Le théâtre de Monte-Carlo, dont le dôme en terrasse surplombait la mer, partageait le même trottoir que le Casino, faisant face à un jardin ombragé par de gigantesques magnolias sur lequel donnaient également l'Hôtel de Paris et le Café de Paris. L'intérieur du théâtre, petit, était rectangulaire, orné de dorures, avec de grands miroirs ; les sièges recouverts de velours rouge. Les artistes étaient éblouis par cette ambiance leur rappelant les splendeurs des théâtres impériaux de leur Russie natale.

Stravinsky rejoignit la troupe en venant de Beaulieu. Et, tandis que Mathilda Kchessinskaïa soupait à l'Hôtel de Paris en compagnie de quatre grands-ducs, Georges et Sergueï Mikhaïlovitch, Boris et Andreï Vladimirovitch, l'Aga Khan se languissait en vain d'amour pour Karsavina.

Diaghilev, dont le contrat stipulait la présence d'Ida Rubinstein, se rendit à Paris pour essayer de la convaincre de danser. Mais celle-ci, déjà occupée par sa propre compagnie, n'apparut point et Nijinski dansa aux côtés de Karsavina.

Puis ce fut Paris. Au répertoire cette année, *Shéhérazade*, *L'Oiseau de feu*, *Narcisse*, *Sadko*, *Le Dieu bleu*, *Le Spectre de la rose* et surtout *Petrouchka*. Si l'année 1910 avait vu Stravinsky s'imposer par le succès de *L'Oiseau de feu*, le public parisien de 1911 fut conquis par l'originalité de ce nouveau ballet.

Ce fut en Suisse, au cours d'une promenade au bord du Léman, que Stravinsky avait trouvé le titre de ce dernier ballet qui allait exprimer en un seul mot le caractère de la musique qu'il voulait composer :

« Petrouchka ! L'éternel et malheureux héros de toutes les foires, de tous les pays ! »

Quelques jours plus tard, Diaghilev vint voir Stravinsky à Clarens où il habitait alors. Quand le compositeur lui joua ce qui allait devenir le second tableau de *Petrouchka*, le directeur des Ballets russes en fut si bouleversé qu'il entreprit de persuader Stravinsky de développer le thème des souffrances du pantin et d'en faire tout un spectacle chorégraphique.

En composant cette musique, Stravinsky avait nettement la vision d'un pantin « subitement déchaîné » qui, selon les termes du compositeur, « par ses cascades d'arpèges diaboliques, exaspère la patience de l'orchestre, lequel, à son tour, lui réplique par des fanfares menaçantes. Il s'ensuit une terrible bagarre qui se termine par l'affaissement douloureux et plaintif du pauvre pantin. »

Petrouchka reconstituait l'ambiance pittoresque des carnavals hivernaux de Saint-Pétersbourg que tous les créateurs du spectacle avaient connue dans leur enfance, en mettant en scène les épreuves d'un pantin des foires russes, exploité par un charlatan.

À l'occasion de la présentation de ce ballet, dans les coulisses du Châtelet régnaient agitation et confusion, rappelant les tout premiers spectacles des Ballets russes. Et tandis que Benois, ulcéré que son portrait du *Charlatan* ait été repeint par Bakst, se disputait avec Diaghilev, Stravinsky discutait encore des rythmes avec Pierre Monteux, le chef d'orchestre. Et la troupe de se plaindre que la scène fût trop encombrée, et l'orchestre de trouver la musique trop difficile à jouer.

Alors que, quelques minutes avant le lever du rideau, Fokine, Benois et Stravinsky étaient encore en train d'improviser la bouleversante scène finale du ballet, le costumier menaçait Diaghilev d'emporter tous les costumes s'il n'était pas payé séance tenante.

Durant vingt minutes, la salle resta plongée dans la pénombre, le rideau toujours baissé. Le public finit par montrer son impatience par des murmures et des petites toux, puis un crescendo de protestations s'éleva. Chacun s'interrogeait sur ce retard quand Diaghilev, le visage décomposé, fit irruption dans la loge de son amie Missia Edwards, pour lui demander si elle pouvait lui donner sur-le-champ 4 000 francs pour payer les costumes. Comprenant qu'un drame se tramait, celle-ci partit immédiatement chez elle et revint dix minutes plus tard. Le costumier fut payé et le rideau se leva sur *Petrouchka*.

Le décor de Bakst encadrait une fête populaire avec son grouillement de cochers, nourrices, soldats, montreurs de bêtes, curieux élégants.

Les Parisiens furent bouleversés par ce pantin sans défense et pourtant indomptable. Nijinski semblait incarner là son propre destin, prisonnier du « charlatan » Diaghilev. Le critique du *Gaulois* écrivit « … voilà tout ce qui reste de ce luxe impérial, de ce monde éblouissant et presque oriental, de ce colossal empire qui semblait la sentinelle géante de l'Europe, placée en faction devant l'Asie mystérieuse…

C'était toute la Russie avec ses danses, avec sa musique, tantôt primitive, tantôt d'un raffinement morbide, qui nous pénétrait aussi profondément que l'œuvre de ses grands romanciers humanitaires. Voilà ce que, fermant les yeux, je croyais apercevoir par-derrière les prestiges de la scène.

Décor ! Fumée ! Rêve ! L'évanouissement d'un peuple ! La démence d'une nation... »

En 1912, après ce succès, Diaghilev voulut que Nijinski passe à une nouvelle étape de sa carrière. Aussi demanda-t-il à Vaslav de chorégraphier le *Prélude à l'après-midi d'un faune* de Debussy.

Pour expliquer le sens de sa méthode chorégraphique, Nijinski écrivit dans son journal : « Je suis un homme bondissant et non pas un homme assis. C'est pourquoi je me suis mis à annoter mon ballet selon mon système d'annotation… » Ce système consistait à bouger sur chaque note de la partition.

Son prédécesseur Fokine avait fait céder le cadre rigide du ballet du XIXe siècle ; son œuvre avait été audacieuse mais son idéal de la beauté était resté influencé par la tradition classique. Nijinski effectua la rupture, s'apparentant aussi bien au mouvement préraphaélite qu'aux tendances d'avant-garde. Mais ce nouvel art instinctif faisait frémir car la mode était à l'antique.

Si l'avant-garde parisienne soutint Nijinski, le public regarda éberlué le faune se contorsionner en simulant un orgasme sur scène.

En effet, Vaslav en mimait un, allongé sur l'écharpe de la nymphe. (Le scandale qu'entraîna ce spectacle marqua le psychisme du danseur. Plusieurs années après, alors qu'il était interné en psychiatrie, on l'observa souvent en train de se masturber ouvertement, et ce, semble-t-il, sans la moindre inhibition).

La première représentation de *L'Après-midi d'un faune* suscita un torrent d'applaudissements, de hurlements et de sifflements. Une querelle restée célèbre dans les annales de l'art éclata même entre deux loges. Furieux, Diaghilev se dressa du fond du parterre et, dominant le vacarme, déclara de sa voix de stentor : « Laissez le spectacle s'achever. » Le public qui attendait d'être diverti fut en fait choqué par la forme radicale du danseur chorégraphe. Mais Nijinski ne voulait plus distraire mais alerter : le temps des sauts spectaculaires était passé. S'il sautait, c'était désormais en petits bonds et de profil.

Gaston Calmette dans *Le Figaro* protesta contre « ce spectacle indécent », Rodin, lui, s'enflamma : « Plus de saltations, rien que les attitudes et les gestes d'une animalité à demi consciente... »

Pourtant cette odeur de scandale ne déplut pas au directeur des Ballets russes car il n'empêcha pas, malgré tout, d'assurer le succès de la saison. Mieux encore, les propositions de contrats commencèrent à affluer du monde entier.

Au mois de mai 1913, Diaghilev présentait les deux œuvres nouvelles qui allaient bouleverser le cours de la musique et des ballets, *Jeux*, de Debussy, et *Le Sacre du printemps* de Stravinsky, dans une chorégraphie de Nijinski.

Jeux, le premier ballet en costume moderne, fut fraîchement accueilli par le public. La musique de Debussy ne fut d'ailleurs pas plus comprise.

Cependant ce furent les rythmes chaotiques, les accords implacables, répétitifs et les dissonances insolites du *Sacre du printemps* qui allaient provoquer de nouveau un tollé général.

D'ailleurs Diaghilev lui-même n'accepta pas tout de suite la musique de Stravinsky. Lorsque ce dernier joua pour la première fois *La Danse des adolescentes* à Venise, Diaghilev, qui avait tendance à couper les partitions, demanda : « Mais, combien de temps cela va-t-il durer ? »

Le compositeur répondit sèchement : « Le temps qu'il faudra... »

Ressentant l'imminence d'une guerre mondiale, Stravinsky et Nijinski traduisirent dans ce ballet l'horreur de leurs visions chacun à leur manière.

Dans *Le Sacre du printemps*, comme dans *L'Après-midi d'un faune*, Nijinski utilisa des mouvements brisés et brusques, exprimant ainsi la barbarie des tribus primitives. Ce fut dans l'archaïsme qu'éclata le modernisme des Ballets russes. Dans ces deux ballets, tout vestige du romantisme avait disparu. Nijinski y signait une métamorphose du monde.

Et une fois encore, lors de la première, le tumulte couvrit l'orchestre. Nijinski hurlait depuis les coulisses les mesures aux danseurs, Diaghilev éteignait et rallumait les lumières pour calmer le public qui sifflait et s'agitait. Au deuxième acte, une danseuse devait trembler de la tête aux pieds pendant de nombreuses mesures en tenant ses mains fébriles contre sa joue. Cette attitude provoqua des moqueries restées célèbres dans les annales du théâtre : « Un médecin ! », cria quelqu'un, « Un dentiste ! », renchérit un autre, puis encore « Deux dentistes ! ».

Les ballets Diaghilev avaient gagné une réputation sulfureuse. Ainsi en témoignait Jacques Rivière pour la *NRF* : « Ces "mobiles habitants des boues du Nord" (selon le mot de J. Michelet) participent d'un état antérieur à la culture, ils communient avec les forces primitives, telluriques, comme le démontre avec force la sauvagerie païenne du *Sacre du printemps*. – L'œuvre est entière et brute, les morceaux en restent tout crus ; ils nous sont livrés sans rien qui prépare la digestion ; tout est franc, intact, limpide et grossier (...). C'est un morceau du globe primitif, qui s'est conservé sans vieillir et qui continue à respirer mystérieusement sous nos yeux, avec ses habitants et sa flore... »

Ce compte rendu caractérisait bien l'opinion d'une grande partie du public parisien.

Même Debussy, qui avait pourtant joué *Le Sacre* avec Stravinsky dans la version pour deux pianos du compositeur, fut atterré en entendant l'orchestration assourdissante. Le compositeur français, qui avait attendu la transcription du *Sacre* « comme un enfant auquel on aurait promis des confitures », se détourna d'ailleurs quelque temps de Stravinsky.

Après la représentation, Debussy fit part de sa déception dans une lettre adressée à André Caplet, chef d'orchestre : « *Le Sacre du printemps* est une chose extraordinairement farouche. Si vous voulez, c'est de la musique sauvage avec tout le confort moderne. »

Dans la même veine, il disait de Stravinsky : « C'est un sauvage qui porte des cravates tumultueuses et baise la main des dames en leur marchant sur les pieds. Vieux, il sera insupportable. »

Stravinsky n'allait guère être plus tendre pour son ami français et trouvera plus tard *Pelléas et Mélisande* « d'un grand ennui dans l'ensemble... malgré de nombreuses pages merveilleuses ».

Peu après la première du *Sacre*, Stravinsky était terrassé par une crise de typhus. Aussi ne fut-il pas en état de se rendre à Londres pour la saison qui devait comprendre des représentations de tous ses ballets : *L'Oiseau de feu*, *Petrouchka* et le récent *Sacre du printemps*, tellement controversé.

Si Diaghilev s'était plutôt amusé du tollé provoqué par *Petrouchka*, il craignait cette fois que ce dernier scandale nuise aux finances de la troupe. En effet, sa réalisation du *Sacre* avait coûté très cher. Tout d'abord parce que la troupe avait dû déployer énormément d'efforts pour quatre représentations seulement. De plus, Nijinski avait été obligé de répéter plus d'une centaine de fois pour parvenir à fusionner totalement avec les rythmes complexes de la musique de Stravinsky.

Une fois de plus Diaghilev devait renflouer les caisses. Il comptait pour ce faire sur la tournée américaine de sa compagnie.

Le fondateur des Ballets russes exigeait beaucoup de lui-même mais aussi de son entourage. Il agissait comme un directeur de cirque, demandant à sa vedette de faire des numéros de plus en plus risqués.

Il avait remarqué par exemple que la moitié d'un saut qui terminait un spectacle se perdait, vu de la salle. Aussi demanda-t-il à Nijinski de sauter double, de se nouer en l'air en coulisse et d'y retomber à pic. On l'y recevait comme un boxeur, avec des serviettes chaudes, des gifles et l'eau que son domestique Dimitri lui jetait à la figure (Cocteau décrivit ainsi Nijinski dans *La Difficulté d'être*, un recueil de souvenirs.)

Écrasé par les exigences autant que par la forte personnalité de Diaghilev, Vaslav commençait à ressentir le besoin de respirer ou même de fuir de cette cage aux barreaux dorés. Et, comme un chat, Nijinski se faufila de nouveau chez les prostituées, pour revenir tout de suite dans le lit de Diaghilev et se culpabiliser en disant que ce qu'il faisait « était épouvantable ». Les relations entre les deux hommes étaient donc marquées par des sentiments contradictoires où l'amour, la haine, l'amitié sincère et l'intérêt artistique se mêlaient en une symbiose insolite.

LA FUITE DE NIJINSKI

Le samedi 16 août 1913, Nijinski embarquait avec la troupe pour l'Amérique du Sud, à bord du vapeur *Avon*. Ce premier périple outre-Atlantique devait durer plus de deux mois. Diaghilev n'était pas du voyage. On attribue généralement ce désistement à sa superstition. Une gitane lui avait en effet prédit qu'il périrait sur l'eau. Mais cette phobie ne fut pas l'unique raison pour laquelle il préféra passer la fin de l'été à Venise car depuis un certain temps, de fréquentes et virulentes disputes avaient altéré ses rapports avec Nijinski.

Le paradoxe régnait dans la vie amoureuse de Diaghilev. Il était, avec succès, amoureux de sa « création », mais l'art était la finalité de cet amour. Il était aussi impitoyable que sensible, mais c'était l'artiste en lui qui était impitoyable. Lorsque son élève arrivait au sommet de son art et n'avait plus rien de nouveau à offrir, il passait au suivant. Ce qui provoqua, dans le cas de Nijinski, un déchirement puis une vraie tragédie. C'était les exigences de son art qui rendaient Diaghilev tellement intransigeant. Tout son entourage en fut témoin car il suffisait de regarder ses yeux pour saisir son âme, sa recherche jamais satisfaite d'un idéal esthétique, d'un au-delà de la vie et du temps.

Affrontant cette personnalité écrasante, Nijinski ne parvenait plus à assumer ce fardeau ; il faisait constamment des scandales en public, humiliant le directeur des Ballets russes, à tel point qu'au début de 1913 Diaghilev disait avec amertume : « Personne ne m'a traité ainsi ! »

Pourtant, appliquant les conseils de sa sœur Bronislava, Vaslav s'était montré plus aimable envers Diaghilev durant la semaine de vacances passée ensemble à Karlsbad avant son départ en Amérique. Ils avaient même discuté d'un projet de ballet sur une musique de Bach et Diaghilev l'avait emmené « comme autrefois » dans les musées afin de lui faire découvrir la peinture, les costumes et l'architecture de l'époque baroque. Mais la véritable réconciliation n'avait pas eu lieu. Chacun était blessé, Nijinski étouffait, et Diaghilev, excédé, était las des sautes d'humeur de son amant.

Pendant la traversée vers l'Amérique, Nijinski était plus détendu et paisible, travaillant au projet du ballet évoqué à Karlsbad.

Chapeau haut de forme, gants beurre frais, bottines à boutons laqués, il marchait lentement sur le pont, méditant sur son destin.

Au début du voyage il faisait froid, un vent violent battait les eaux grises et faisait claquer les pavillons. L'air marin s'engouffrait dans les manches et sous les vestes des passagers qui plissaient les yeux.

Un goéland solitaire accompagnait le navire, tantôt suivant la poupe, tantôt s'éloignant dans l'étendue vide du crépuscule naissant. À sa vue Nijinski fut pris de vague à l'âme. À ses côtés une femme avec une immense coiffure, en robe blanche, escarpins assortis, avec des boucles d'oreilles, regardait la mer légèrement penchée en arrière. Un quart d'heure plus tard, le danseur dînait en sa compagnie. Vers la fin du repas, dans la fumée des cigarettes, tout le monde parlait plus fort, il ne se sentait plus seul.

En effet, cette dame, du nom de Romola Pulszky, avait entrepris de le choyer. Aristocrate hongroise, elle lui vouait une sorte d'adoration sans limites depuis qu'elle l'avait vu danser à l'Opéra de Budapest presque deux ans auparavant.

Encore à Paris elle avait monté tout un subtil stratagème pour détourner l'attention de Diaghilev de ses véritables desseins, laissant entendre qu'elle était éprise d'un autre danseur, Bourman. Ainsi réussit-elle à se faire engager dans la troupe afin d'être du voyage.

Romola avait deux ans de moins que Nijinski ; elle était née en 1891. Sa mère s'appelait Emilia Markus et passait pour l'actrice la plus célèbre de Hongrie, la vedette du théâtre de Budapest. Son père, le comte Charles Pulszky, était membre du Parlement et directeur du musée d'Art national hongrois. Issu d'une famille polonaise originaire d'une lignée de huguenots français qui avait accumulé une fortune considérable en exploitant des mines dans le nord de la Hongrie. Le couple eut deux filles, Tereza et Romola. La petite Romola idolâtrait son père mais fut séparée de lui à l'âge de cinq ans. En achetant des tableaux pour le musée d'Art national, Charles Pulszky fut interpellé pour détournement de fonds publics. S'il avait réalisé quelques très bonnes affaires pour son musée, le fonctionnaire peu scrupuleux en aurait également profité pour acquérir plusieurs pièces retrouvées par la suite dans ses collections privées. Après ce scandale Charles Pulszky disparut de la circulation et ne donna pas signe de vie durant trois ans. Cette séparation forcée fut pour la petite Romola un cruel traumatisme. Soudain, alors qu'elle avait huit ans, il ressurgit. Une lettre arriva d'Australie informant qu'il s'y était installé et avait mis sur pied une compagnie d'assurances. Son entreprise étant en faillite, son père écrivait pour dire qu'il était sans le sou et déprimé. Une seconde lettre annonça son suicide.

La vie de Romola allait être bouleversée. Elle commença à haïr les hommes. Comment dès lors les aimer et leur accorder sa confiance ? Quand sa mère se remaria quelques années plus tard, elle se mit à détester son beau-père, proclamant que personne ne pourrait remplacer son « père chéri ».

(Après sa séparation d'avec Nijinski, Romola s'engagea dans une aventure amoureuse avec une femme, Frederica Dezentje. Nijinski, artiste efféminé, constituait donc une exception à son androgynie.)

Au fil de la traversée, le danseur laissa son cœur fléchir et demanda bientôt la belle en mariage. En effet, contre toute attente, Nijinski aborda Romola sur le pont, et, mimant le geste de glisser une bague à l'annulaire de sa main gauche, dit : « Mademoiselle, voulez-vous, vous et moi ? » La jeune fille acquiesça d'un signe de la tête et répondit radieuse trois fois « oui ». Le danseur lui prit la main et l'invita à s'installer dans une chaise longue. Ils restèrent ainsi côte à côte à contempler les étoiles sans rien dire, Romola ne parlant pas le russe et Nijinski s'exprimant dans un français très approximatif.

Ce geste impromptu n'était pas seulement dû au fait que Nijinski était flatté par tant d'adoration de la part d'une charmante jeune fille de dix-huit ans. Pour lui, ce mariage était le moyen idéal pour échapper à la mainmise étouffante de son mentor : la révolte de l'esclave contre la domination du maître.

Arrivé à Rio de Janeiro, le couple se fit conduire dans une bijouterie pour choisir les alliances.

Pour l'entourage des Ballets russes ce mariage était une folie qu'il « fallait arrêter avant qu'il ne fût trop tard ». Les amis de Romola avertirent aussi la jeune fille des relations spéciales que son fiancé entretenaient avec Diaghilev ; on lui signifia également que Nijinski « avait la réputation d'être cruel et sans cœur ».

Le 6 septembre la troupe débarquait à Buenos Aires. Afin de prévenir toute intervention de dernière minute en provenance d'Europe, la date du mariage, initialement prévu le 19, fut avancée au 10, jour de la première des Ballets russes en Argentine.

Il est vrai que, d'un côté comme de l'autre, cette alliance aurait été désapprouvée. Aussi, mieux valut-il pour le couple précipiter les événements. Comme l'expliqua sans ambages plus tard Romola à sa belle-sœur Bronislava : « Il aurait été stupide d'avertir à l'avance Diaghilev ou la famille de Vaslav et de risquer de se voir interdire le mariage… »

La nouvelle se répandit dans les journaux du monde entier. La mère de Nijinski fondit en larmes en apprenant le mariage de son fils.

Diaghilev, anéanti, eut beau envoyer des télégrammes désespérés à son amant, il était trop tard.

On savait qu'il tolérait les liaisons amoureuses jusqu'à une certaine limite mais s'opposait à ce que ses artistes soient mariés. En revanche, il admettait quelques exceptions, si la liaison en question se soldait par des avantages sociaux et financiers. Ainsi la ballerine Lydia Lopoukova, mariée à Keynes, influent économiste anglais, fut-elle autorisée à rester au sein de la compagnie. Mais, en ce qui concernait Nijinski, cela revêtait un tout autre caractère ; c'était une terrible blessure : son génial favori kidnappé par une jeune fille insignifiante. Sans doute cette histoire avait-elle aussi fait ressurgir de vieux fantômes datant de l'époque où Diaghilev avait été abandonné par Filossofov. Mais cette fois, pour le directeur des Ballets russes cela signifiait la fin d'une grande aventure sentimentale et artistique.

Diaghilev, qui était aussi impitoyable que sensible, sanglota sans retenue, puis se mit dans une effroyable colère, vociféra, insulta, brisa quelques meubles et objets qui lui étaient chers. Quand il cessa de gesticuler et de hurler, une expression de détresse marquait son visage.

Cette crise de jalousie devint d'ailleurs légendaire. Désormais échaudé, il fera surveiller encore plus étroitement les compagnons de sa vie, qui seront aussi ses danseurs étoiles et chorégraphes. Le fondateur des Ballets russes se séparera d'eux quand d'autres amours parviendront à s'infiltrer dans leur existence malgré cette féroce vigilance.

Diaghilev était tout aussi jaloux de ses collaborateurs, et supportait avec difficulté qu'ils participent à d'autres entreprises que la sienne. (Cette attitude concerna surtout les cofondateurs des Ballets russes et tout spécialement Léon Bakst.)

Nijinski avait été lui-même très ébranlé par ce brusque changement dans sa vie. En Amérique latine, Romola fit quelques apparitions dans *Le Lac des cygnes* et dans *Shéhérazade*. Mais, très vite, Vaslav s'aperçut que la femme qu'il avait épousée, comme il dira plus tard « tout à fait par hasard et sans réfléchir », était tout bonnement incapable de danser :

« J'éprouvai, nota-t-il, mon premier chagrin trois ou quatre jours après notre mariage. Je lui avais demandé d'apprendre à danser car pour moi il n'y avait rien de plus important au monde... Je voulais lui apprendre à bien danser, mais elle prit peur et cessa de me faire confiance. Je me mis à pleurer amèrement... J'eus alors le pressentiment de la mort. Je me rendis compte que j'avais commis une erreur, une erreur irréparable. J'avais remis ma vie entre les mains de quelqu'un qui ne m'aimait pas. Alors je compris mon erreur. »

Chacun redoutait le renvoi de Nijinski. Du moins c'était ce que craignait Stravinsky dans une lettre adressée à Benois : « Tout espoir de revoir un chorégraphe digne de ce nom avant longtemps me semble désormais compromis. »

Peu après cet épisode, Diaghilev partit pour Florence et Naples où, malheureux et toujours furieux, il se jeta dans la débauche, se livrant sans retenue, comme disait Missia Sert, à « des bacchanales et des orgies ». Boisson, drogue, garçons, bref, de quoi s'oublier, oublier Nijinski, et se reprendre.

Cocteau, toujours cynique et impitoyable, écrivit à ce propos : « Le mariage de Vaslav est-il une farce ? Mais quel dommage s'il cesse d'être le Ganymède bougon de Moloch... Une amie à moi m'écrivait de Florence : “J'ai vu un gros ogre qui nourrissait des *bambini* dans la rue avant de les manger. C'était Diaghilev.” »

À cette époque, il engagea un secrétaire italien, Beppe Potetti, qui demeurera son autre confident jusqu'à la fin de ses jours, aux côtés du fidèle serviteur russe Vassili Zuikov. (L'épouse de Beppe deviendra la costumière en chef de la troupe.)

Au bout de trois semaines, le directeur des Ballets russes écrivit à son régisseur, Grigoriev : « Je me sens comme quelqu'un qui a déposé un fardeau et peut enfin respirer librement… »

Ragaillardi, il reprit le chemin de la Russie où l'hiver précoce devait réconforter son âme tourmentée.

MASSINE OU LA VENGEANCE

Une neige fine tombait sur la boue gelée, tel du sucre glace saupoudré sur un grand gâteau. Les maisons qu'il voyait défiler à travers les fenêtres du wagon devinrent immenses et d'un blanc bleuté. Demain serait un autre jour…

Pris d'une frénésie de mouvement, il se rendit au théâtre Mariinski le soir même de son arrivée à Saint-Pétersbourg. Comme à l'accoutumée, il y arriva le premier pour voir se remplir le parterre vide. Il jeta son manteau de fourrure d'ours de Sibérie dans les bras du portier – qui ne l'appréciait pas seulement pour son pourboire généreux, mais aussi parce qu'il était le meilleur connaisseur du monde de la danse. Ensuite Diaghilev essuya ses moustaches avec un mouchoir blanc et, retrouvant soudain son calme, s'installa sous les lustres étincelants de la salle bleu et or. Après la représentation, il soupa avec ses amis.

Durant les jours qui suivirent, il se plongea avec délice dans les derniers tourbillons des fastes de Saint-Pétersbourg. Suivant, comme il disait, « sa tournée des grands-ducs », il se rendit à des bals donnés par la haute aristocratie dans les palais impériaux et vit les plus belles femmes de Saint-Pétersbourg danser le fameux quadrille persan avec leurs partenaires, guidés par le grand-duc Boris.

Et pour réconforter son ego à la fin du mois de décembre, au cours d'un dîner tardif, arriva un télégramme de Nijinski, mentionnant qu'il espérait rejoindre la troupe. Il annonçait dans la foulée que Romola attendait un bébé.

La jeune mariée avait connu ses premiers évanouissements et montré les premiers signes d'une grossesse à Montevideo. Ce n'était pourtant pas un enfant voulu. Elle avait plutôt rêvé aux fastes de la vie d'épouse de danseur étoile. D'ailleurs, quand Vaslav avait décidé d'éviter la chambre nuptiale, le soir de leur nuit de noces, elle avait eu de la gratitude pour lui. Mais, apparemment, Nijinski avait retrouvé le chemin du lit conjugal, et Romola ne devait guère avoir de connaissance en matière de contraception. Après avoir rejoint Rio par bateau, elle fut malade, c'est pourquoi Nijinski demanda d'annuler sa participation à un spectacle pour rester auprès de son épouse. Il devait danser dans le *Carnaval*, seulement il n'avait pas prévu de remplaçant. Le régisseur dut alors se débrouiller pour trouver, *in extremis*, un autre Arlequin.

C'est cette faute que Diaghilev allait invoquer pour renvoyer celui qui avait commis l'erreur fatale de se laisser capturer par « cette traîtresse hongroise ». Grigoriev, témoin privilégié, remarqua un sourire se dessiner sur les lèvres de Diaghilev. Sans attendre, il lui dicta le télégramme suivant : « En réponse à votre télégramme adressé à M. Diaghilev, je voudrais vous informer de ce qui suit : En manquant à Rio l'interprétation du ballet *Carnaval*, vous avez rompu votre contrat et il ne désire plus à l'avenir utiliser vos services. Signé, Grigoriev régisseur. » Ce fut la blessure la plus profonde que Nijinski reçut durant son orageuse carrière, remplie de heurts et de souffrances endurées ou infligées.

Le 9 décembre 1913, en plein désarroi, le danseur écrivit à son ami Stravinsky : « Je suis allé avec ma femme voir ses parents à Budapest et j'ai immédiatement envoyé un télégramme à Serge en demandant quand nous pouvions nous voir. En réponse, j'ai reçu une missive de Grigoriev mentionnant que je ne me produirai plus sur la scène cette saison et que l'on n'avait pas besoin de moi. Je ne sais pas où est la vérité et je ne peux pas imaginer que Serge ait pu agir ainsi envers moi. Serge me doit de l'argent ; je n'ai rien reçu depuis deux ans. J'ai travaillé sans contrat. S'il est vrai que Serge ne veut plus travailler avec moi, dans ce cas-là j'ai tout perdu. Je t'en prie parle à Serge et réponds-moi le plus vite possible. »

Ce cri de désespoir resta sans suite car Stravinsky, malgré son amitié avec Diaghilev, ne put rien faire.

Ayant ainsi assouvi sa vengeance, Diaghilev rentra dans sa suite de l'Hôtel Europe. Et, contemplant les clochers multicolores de l'église Saint-Sauveur-sur-le-Sang-Versé, il proclama : « Personne n'est irremplaçable ! » et se tourna alors de nouveau vers Fokine qu'il avait pourtant renvoyé sans états d'âme deux années auparavant. Après cinq heures d'âpres discussions téléphoniques, il réussit à le convaincre de mettre en scène *La Légende de Joseph* de Strauss.

À la suite des scandales provoqués par les ballets de Nijinski, quelque chose de plus sage calmerait l'opinion…

En janvier Diaghilev fit un saut à Paris pour signer un contrat avec l'agent de Richard Strauss, puis il se rendit à Moscou pour trouver l'interprète de Joseph.

Il aimait ces sombres journées d'hiver moscovite. Quand au crépuscule s'allumaient les réverbères aux lueurs froides, les vitrines des magasins s'illuminaient chaudement, la ville, libre du labeur du jour, s'animait. Les traîneaux se faisaient plus rapides, plus sourd était le ronflement des tramways. Il retrouvait avec plaisir ses tables préférées, tantôt au restaurant Prague, rue Arbat, tantôt sous la grande verrière de l'Hôtel Métropol. Ce fut lors de sa première soirée à Moscou qu'un vieil acteur lui parla d'un certain Miassine. « Il possède une étincelle de Dieu », avait-il affirmé.

Ce jeune Miassine avait fait ses études à l'École théâtrale de Moscou où il suivait à la fois des cours de danse et d'art dramatique. Il avait déjà eu ses premiers rôles au théâtre Maly, une des deux principales scènes russes. Après avoir achevé sa formation de danseur, il avait aussi fait ses débuts de figurant au Bolchoï où Diaghilev avait déjà eu l'occasion de l'observer.

Quand il arriva ce soir-là, les colonnes solennelles de l'entrée du Bolchoï étaient couvertes de givre. Le gel, la tempête, les tourbillons de neige dansant dans la lumière laiteuse des lampadaires, rien ne semblait tirer de ses pensées le directeur des Ballets russes, pas plus que les traîneaux à deux chevaux avec leurs grelots qui se rangeaient à tour de rôle devant le péristyle. Des gendarmes criaient des ordres d'une voix enrouée. Les cochers juraient en tirant sur leurs guides. Des nuages de vapeur montaient de la croupe des chevaux. Dans les lueurs hésitantes des lanternes de voitures, des valets s'affairaient pour aider à descendre quelques notables aux favoris blancs ou quelques jeunes femmes enveloppées dans leurs manteaux de fourrure.

Diaghilev essuya avec un mouchoir son visage mouillé. Mais il n'avait même pas prêté attention à cette ambiance pittoresque de la Russie éternelle.

En cherchant l'interprète de Joseph, il avait l'idée fixe de trouver un autre Nijinski. Et quand son regard connaisseur se posa sur le jeune figurant, il n'allait plus le lâcher.

Diaghilev obtenait toujours ce qu'il voulait, et il lui fallait bien voir danser ce garçon à la beauté byzantine. Quelques jours plus tard, Miassine faisait ses premiers pas dans la tarentelle du *Lac des cygnes*. Toujours diligent, Diaghilev lui proposa dès le lendemain de faire partie de la troupe des Ballets russes. Mais le jeune homme désirait en fait faire sa carrière dans le théâtre d'art dramatique et non pas au ballet. De plus il connaissait la sulfureuse réputation de son illustre interlocuteur et son faible pour les beaux garçons. Il décida donc de refuser l'offre. Cependant, il l'accepta.

Ce jeune homme assez prudent et taciturne avait cédé presque contre son gré à Diaghilev, bien que l'imprésario l'attirât peu. Laissons-lui le soin d'exprimer son sentiment : « Je n'arrive toujours pas comprendre ce qui m'a poussé à consentir. Il faut dire que je n'avais que dix-huit ans… »

Aussi fut-il convoqué à Saint-Pétersbourg pour y passer une audition devant Fokine. Dûment prévenu, le chorégraphe accepta à contrecœur ce débutant à qui il fit passer un examen symbolique. Et, pour mesurer son élévation, il le fit seulement sauter au-dessus d'une chaise ! Après quoi, Diaghilev emmena le jeune garçon au musée de l'Ermitage...

L'éducation de Miassine avait commencé.

Mais il était temps de partir pour Paris.

Dans le train menant le jeune homme vers son destin, une douce chaleur baignait les wagons de première classe. Des cabinets de toilette émanait une odeur d'eau de Cologne anglaise qui lui parut voluptueuse et charmante. Derrière les fenêtres défilaient les steppes monotones encore enneigées. On voyait de larges routes boueuses sur lesquelles avançaient lentement des charrettes tirées par des bœufs. Quand apparut la frontière, Miassine se sentit soudain prêt à affronter tous les défis.

Il n'était pas seulement beau mais aussi étonnamment intelligent. La force de ce garçon très indépendant était de comprendre ses limites, notamment la faiblesse de ses études chorégraphiques. Aussi travailla-t-il avec acharnement, sous la houlette du plus grand professeur de l'époque, Cecchetti.

La Légende de Joseph fut donnée à Paris au printemps 1914. Strauss en personne était au pupitre. La beauté lointaine du jeune Miassine, vêtu d'une légère tunique de berger, fit une profonde impression, sans parler de ses mollets exceptionnellement développés lui permettant de sauter très haut et de rester en l'air plus longtemps que les autres. Ainsi ses défaillances techniques passaient presque inaperçues.

Désemparé, Nijinski assista au triomphe de son successeur dans le cœur de Diaghilev et de son héritier sur l'autel des Ballets russes. Le clown de Dieu était d'autant plus blessé que ce spectacle avait été conçu pour lui.

Pendant l'entracte, il se rendit en compagnie de sa femme à la loge de Missia Sert, pour saluer ses vieux amis. Mais, aux dires de Romola, ceux-ci, y compris Cocteau, le reçurent plutôt froidement.

Ensuite, la troupe se rendit en Angleterre. Selon Miassine, le public britannique « sembla réagir à la musique de Strauss et au décor de Sert (qui avait remplacé Bakst) avec plus d'enthousiasme que les Parisiens ».

Quelques semaines plus tard, Nijinski s'installait à Paris pour prendre des cours à l'Opéra avec Cecchetti. Diaghilev demanda expressément à Miassine d'assister aux leçons. Le jeune homme fut impressionné par « l'esprit d'humilité » avec lequel son éminent confrère aîné suivait les conseils du vieux maître, acceptant toutes ses objections. D'ailleurs les rapports entre les deux danseurs allaient désormais être marqués par une sympathie et un respect mutuel.

Pour Diaghilev, cet été 1914 ne fut pas une période des plus faciles. Il savait pertinemment que Miassine n'était pas encore prêt à remplacer Nijinski. D'autre part, il subissait les pressions d'un groupe d'amis, dirigé par une aristocrate anglaise mécène de la troupe, lady Ripon, qui militait en faveur du retour de Nijinski aux Ballets russes.

Le 28 juin 1914, l'excentrique compositeur Erik Satie jouait sa musique devant Diaghilev, faisant germer dans l'esprit de celui-ci l'idée d'un nouveau ballet. Mais ce jour était aussi celui de l'assassinat de l'archiduc Ferdinand à Sarajevo… Et les événements allaient se précipiter.

Tout à sa nouvelle passion, Diaghilev semblait ne pas prêter attention aux signes précurseurs de la tension militaire entre la France et l'Allemagne. Pourtant, il avait été prévenu de l'imminence d'un conflit, notamment par le comte Kessler, organisateur de ses tournées en Allemagne, qui lui avait laissé entendre que sa venue à Berlin pouvait être compromise. D'ailleurs, il n'était pas le seul à prendre ces indices à la légère. La majorité des artistes pensaient que le conflit allait cesser aux premières hostilités…

Les signes avant-coureurs de la guerre n'empêchèrent pas Diaghilev d'emmener, selon sa coutume, son nouvel amour en Italie. Les amants passèrent quelques semaines sans se quitter. Ce fut une fête permanente où la nature maria la douceur de l'Italie à l'air marin.

Ces vacances allaient changer non seulement les rapports entre les deux hommes mais surtout la carrière du jeune artiste.

Diaghilev avait pris un appartement à Florence, 4, vialle Torricelli. Si les théâtres de marionnettes en plein air furent une révélation pour Miassine, il fut aussi sensible aux paysages et à l'art italien. Dans les musées, qu'il visitait consciencieusement en compagnie de Diaghilev, ce dernier l'encourageait à reproduire les pauses et les mouvements des peintures italiennes. Un jour, alors que les deux hommes visitaient la galerie des Offices, Diaghilev demanda de manière impromptue :

« Penses-tu que tu pourrais composer un ballet ? »

– Non ! répondit d'emblée Miassine.

Puis, songeurs, ils poursuivirent leur marche, quand le danseur s'arrêta net devant le lumineux tableau de Simone Martini : *L'Annonciation*. Là, le visage transformé, il se reprit :

« Si, je saurai créer un ballet et je n'en créerai pas seulement un, mais beaucoup. Cent, je t'en fais le serment. »

LES ARTISTES ET LA GUERRE

Les années de cette première guerre mondiale allaient bien sûr transformer le mode de vie mais aussi l'esprit des artistes des Ballets russes. Ainsi, en parfait Pygmalion, Diaghilev changea-t-il pour commencer le nom de Miassine en Massine. Il faut dire que Miassine, littéralement traduit du russe, veut dire « homme de chair » et Diaghilev ne tenait sans doute pas à ce rappel ambigu.

De troupe il n'y en avait plus guère : Fokine était rentré à Saint-Pétersbourg, Nijinski, bloqué par les Allemands en Hongrie et Karsavina, tombée amoureuse d'un diplomate anglais à Saint-Pétersbourg, était enceinte.

Quant à Diaghilev, il avait dépassé l'âge de la conscription et était *de facto* coupé de son pays.

En 1915, il loua une maison à Ouchy, en Suisse, au nord du lac de Genève, la villa Bellerive, un manoir spacieux avec des sols de marbre, situé au bord du lac et entouré de buissons et de fleurs. C'était la première fois, depuis son départ de Russie, que Diaghilev vivait dans une maison plutôt qu'à l'hôtel.

« De toutes les années durant lesquelles j'ai voyagé avec Diaghilev, écrit Sokolova, nouvelle engagée des Ballets russes, ces six mois furent les plus heureux et je crois que si on lui avait posé la question plus tard, il en aurait dit autant. »

À proximité vivaient Stravinsky, Bakst ainsi que les nouveaux peintres russes de Diaghilev, Mikhaïl Larionov et Natalia Gontcharova.

Le directeur des Ballets russes y goûta en compagnie de Massine les plaisirs d'une oisiveté heureuse et d'une liberté paisible, au cœur de cette Europe déchirée par la guerre. Les fenêtres ouvertes, ils aimaient à déjeuner longtemps et boire du vin de Bourgogne avec Stravinsky. Habitant à deux heures de bicyclette, à Château-d'Œx, à l'est de Montreux, celui-ci venait presque quotidiennement les rejoindre.

L'inactivité n'était pas l'apanage de Diaghilev. Et il était temps pour lui de réunir une nouvelle troupe autour de ceux qu'il appelait ses « poètes maudits ». Pour cela, il eut l'idée de faire venir en Suisse des ballerines anglaises. Mais, entre les mains de Diaghilev, elles allaient se métamorphoser. Il leur fallut d'abord changer leur nom, puis leurs habitudes, leur langage afin qu'elles deviennent de « vraies Russes », comme disait leur directeur. Ainsi Hilda Bewicke devint-elle Lydia Sokolova. D'autres Britanniques comme Anton Dolin (Patrick Kay) et Alicia Markova firent aussi leurs débuts aux Ballets russes.

Laissons à Sokolova (qui allait devenir une des plus grandes vedettes de cette troupe) le soin de raconter l'ambiance de l'époque :

« Nous manquions de tout, de maquillage, de chaussons Diaghilev faisait des miracles. Tous les quatre jours, il nous distribuait des chaussons de satin rose. Il faut dire que nous guettions avec impatience ses retours de Paris (étant sans ressources pour faire vivre ses danseurs, il se rendait souvent dans la capitale française pour essayer d'y trouver de l'argent). Quand ses voyages avaient été couronnés de succès, Massine apparaissait paré d'une nouvelle bague. »

Notons au passage que, s'il avait offert le plus souvent des bagues en or à Nijinski, celles dont il comblait Massine étaient en platine.

Pendant ce temps, Massine affirmait ses talents de danseur et de chorégraphe. Guerre oblige, il était presque impossible de présenter des spectacles au public et Diaghilev et sa troupe consacraient leur temps à des répétitions.

La question qui brûlait toutes les lèvres concernait évidemment l'avenir de Nijinski.

Diaghilev était parvenu à organiser une tournée aux États-Unis, sous condition d'y voir participer le danseur emblématique des Ballets russes.

Les puissants du monde entier intervinrent alors pour faire libérer Nijinski de son assignation à domicile en Autriche. L'impératrice douairière de Russie, le roi d'Espagne et même le pape, prirent part à la campagne.

Mais les choses traînèrent car la situation se compliquait. À l'est, l'offensive lancée en Prusse-Orientale s'essoufflant, les Russes amorcèrent un repli qui devait durer jusqu'en 1917. Ce revers fut cependant compensé par leur victoire sur les Autrichiens en Galicie. Le tsar avait pris la tête de ses troupes. La guerre promettait d'être longue.

Il fallait s'adapter à cette situation. La compagnie se prépara donc à partir en tournée pour l'Amérique du Nord. Diaghilev parvint aussi à obtenir un passage à l'Opéra de Paris pour les fêtes de Noël, sous l'égide de la Croix-Rouge française. Et, le 1er janvier 1916, la troupe embarquait à Bordeaux.

Diaghilev, toujours aussi superstitieux, fit à contrecœur la traversée, terré dans sa cabine. Le 11, enfin, la statue de la Liberté apparut dans le brouillard.

Au moment même où la troupe s'embarquait, Nijinski et Romola étaient transférés à Vienne, et en février, grâce aux efforts de l'ambassade américaine en Autriche, ils furent finalement libérés « sur parole » et reçurent l'autorisation de se rendre aux États-Unis, à condition qu'ils ne retournent pas en Russie. Le couple passa tout d'abord en Suisse, pays neutre, et se rendit à Berne et à Lausanne avant de partir à son tour pour les États-Unis.

Dès son arrivée en Amérique, Nijinski demanda à son ancien mentor, par l'intermédiaire du régisseur Grigoriev, de lui régler tous ses cachets pour les années durant lesquelles il avait travaillé avec les Ballets russes, hors contrat. Le danseur et sa femme avaient la mémoire courte. Durant tout ce temps, Diaghilev n'avait-il pas subvenu à ses besoins ainsi qu'à ceux de sa famille, comblant les moindres désirs de son amant ? Et voilà que ce dernier lui réclamait un demi-million de francs-or. Nijinski et ses avocats savaient en outre que Diaghilev n'était pas en mesure de réunir cette somme faramineuse.

Diaghilev, lui, se montra poli avec le couple ; il y était d'ailleurs obligé : la compagnie reposait sur eux. Et il était conscient que le public américain attendait un spectacle de première qualité. Toutefois, n'ayant plus à encourager les chorégraphies de Nijinski, il se consacrait surtout à pousser la carrière de Massine.

Dans ce contexte, le seul désir de Diaghilev était de tirer un trait sur son passé. Et, comme à l'accoutumée, son évolution personnelle déclencha la métamorphose de sa compagnie. Depuis quelque temps déjà, Diaghilev trouvait les créations d'avant guerre, le plus souvent réglées par Fokine, de plus en plus désuètes. Il chercha donc à s'éloigner de son esthétique traditionnelle.

Il s'était passionné pour la nouvelle peinture française, particulièrement pour Gauguin, et s'était mis en tête de modifier l'expression plastique par des moyens inédits en s'inspirant des tendances expressionnistes. Bien entendu, il tenait toujours à avantager le ballet par rapport à l'opéra qu'il trouvait « poussiéreux ».

Durant cette prodigieuse période, il influença de nombreux domaines de l'art, mais c'est surtout l'art de la scène qu'il révolutionna. Pour ce faire, il commença par faire appel à Picasso, puis à Max Ernst, Derain, Juan Gris, Rouault. Il offrit aux musiciens de merveilleuses occasions, à Debussy, à Ravel, Satie, Milhaud, Chabrier, Auric, de Falla, Prokofiev, et à Stravinsky. Pour les textes, il s'approvisionnait aussi bien chez les écrivains contemporains comme Hugo von Hofmannsthal, Colette ou Cocteau, que chez les classiques. Homme actif et pressé, il expliquait son désir de faire évoluer les choses par les particularités propres à l'art du ballet.

« Notre handicap, déclara-t-il d'emblée à son arrivée en Amérique dans une interview au *New York Post*, est que le corps humain est beau lorsqu'il est jeune. La voix du chanteur, en revanche, s'épanouit à trente ans, alors que le corps d'un danseur est déjà détruit par la vie à cet âge.

Il faut donc agir et agir vite. »

Pendant la saison charnière de 1915-1916, la troupe entièrement remodelée et composée de danseurs russes, polonais et anglais se produisit aussi en Espagne et en Suisse. De l'automne 1916 à l'hiver 1917, elle se rendit à nouveau aux États-Unis. Pour cette deuxième tournée en Amérique, l'imprésario Otto Kahn s'arrangea pour que la compagnie voyageât sans le fondateur des Ballets russes. La direction artistique finit par être partagée entre Nijinski et Adolph Bolm, le danseur qui avait fait si forte impression dans *Le Prince Igor*, lors des premières saisons parisiennes. En tant que codirecteur, Nijinski put monter son ballet *Till Eulenspiegel*, première œuvre d'importance créée depuis son éviction quelques années plus tôt.

Cette tournée fut un échec. En proie au désarroi, Nijinski devint paranoïaque. Il s'imaginait entouré de pièges à tel point qu'il ne voulait pas entrer en scène avant qu'un homme à sa solde eût d'abord vérifié les trappes et inspecté les planches pour voir si on n'y avait pas méchamment semé du verre pilé.

Les conséquences ultimes de ces traumatismes psychologiques lui furent fatales. Cette dépression était peut-être inévitable mais elle aurait pu se déclarer plus tard et pas aussi tragiquement. Bien qu'il essayât de continuer à se produire avec l'aide de sa femme, il ne put assumer sans Diaghilev le fardeau de la danse et de la chorégraphie. Il cessa de danser à l'âge de vingt-neuf ans et passa les trente dernières années de sa vie dans des hôpitaux psychiatriques.

En s'éloignant de Nijinski, Diaghilev reprit l'idée d'un ballet avec Satie. Cocteau saisit alors cette occasion pour s'imposer. Encore sous le choc de l'échec cuisant de son ballet *Le Dieu bleu*, celui-ci, à vingt-sept ans, tenait là la chance d'obéir à l'injonction historique de Diaghilev : « Étonne-moi, Jean ! » Mais Diaghilev qui n'aimait pas Cocteau resta sceptique face à cette collaboration.

Parallèlement, le peintre russe Mikhaïl Larionov travaillait à de nouvelles mises en scène et Igor Stravinsky, à de nouvelles partitions.

Ce fut aussi pendant cette période charnière, 1916-1917, que Missia Sert présenta au directeur des Ballets russes Gabrielle Chanel, jeune femme d'origine paysanne, qui avait déjà été chanteuse, entraîneuse. Elle exerçait alors le métier de modiste, et était en train de se faire un nom à Paris.

Mince et élancée, une petite tête posée sur un long cou, « Mademoiselle » allait révolutionner la mode féminine en libérant la femme du corset et en raccourcissant ses jupes. Sa forte personnalité la fit devenir la figure de proue de l'entourage des Ballets russes.

Pendant ce temps, à l'autre bout de l'Europe, la Russie était secouée par des événements graves. Le 31 décembre 1916, le corps de Raspoutine assassiné par Youssoupov avait été repêché dans la Neva. Au début de l'année 1917, la situation politique s'était encore détériorée et les grèves devinrent de plus en plus fréquentes. Le 8 mars, Saint-Pétersbourg, rebaptisée Petrograd, se réveilla avec un froid de quarante-trois degrés au-dessous de zéro. Douze cents locomotives devinrent d'immuables blocs de glace. Cinquante mille wagons destinés à ravitailler la capitale furent paralysés. Hommes et femmes affamés se retrouvèrent dans la rue, se mettant en grève. Les soldats fraternisèrent avec les manifestants. Bientôt le tsar Nicolas II allait être contraint d'abdiquer, laissant la place à un gouvernement provisoire.

Après la chute de la monarchie, les nouvelles autorités russes proposèrent à Diaghilev de devenir ministre des Arts. Mais celui-ci préféra poursuivre son aventure artistique.

En cette troisième année de guerre, le rideau du théâtre du Châtelet se leva le 18 mai 1917 sur la création de *Parade*. Apollinaire rédigea le texte du programme en mettant en exergue la fusion du décor, du scénario, de la musique et de la danse de *Parade*. Ce fut d'ailleurs à cette occasion qu'il inventa le mot surréalisme.

Le ballet regroupait la première orchestration de Satie, le premier décor de Picasso, les premières chorégraphies cubistes de Massine. « Tant de recherches, tant d'ébauches, de nuits blanches, tant de disputes », disait Cocteau qui était, semble-t-il, parvenu à « étonner » Diaghilev en lui présentant un scénario d'une brillante originalité. « Nous souhaitons, écrivit-il, que le public considère *Parade* comme une œuvre qui cache des poésies sous l'enveloppe d'un guignol. » Effectivement, *Parade* marqua un tournant dans l'histoire des Ballets russes. Désormais, la troupe allait être guidée par les conceptions modernistes qui s'affirmaient en Occident. Quant à Diaghilev, il ne cherchait déjà plus tant à faire la propagande du ballet russe à l'étranger qu'à rester à l'avant-garde de la vie artistique en Europe.

Pour la première fois, il fit appel à un peintre étranger, chef de file d'une des tendances principales dans les arts plastiques de l'époque : le cubisme.

C'est aussi la première fois que des procédés futuristes furent utilisés pour « épater » le public. Avec *Parade*, les frontières séparant le ballet classique du théâtre forain furent définitivement abolies.

Le rideau se leva sur une évocation cubiste des gratte-ciel de New York dressés selon une perspective délirante. Quant aux personnages comprenant un couple d'acrobates, une petite fille, un prestidigitateur chinois mangeur de feu (dansé par Massine) et deux hommes formant un cheval, ils se livraient à des danses excentriques. Deux hommes enfermés dans de hautes constructions cubistes encadraient le guichet d'une baraque foraine, vantant les mérites du spectacle.

Gabrielle Chanel, qui finança l'opération, avec son teint de tubéreuse sous un casque de cheveux noirs fut assurément le plus joli mécène des Ballets russes. Et le plus généreux. Le tissu bleu violet du décor, sur lequel Picasso peignit des colonnes à la sanguine, fut sa trouvaille. Elle chargea Cocteau d'acheter des masques de carnaval, les fit passer au blanc et les fixa autour d'une niche aménagée dans le décor. Ce fut également elle qui imposa aux acteurs un maquillage blanc, rappelant les masques antiques, un « truc » qui sera repris maintes fois. Peu satisfaite des costumes, elle défera tout à la dernière minute et en improvisa de nouveaux avec les tissus lourds de sa collection.

Le désir de Diaghilev d'associer Satie à ce projet avait été pleinement récompensé, car celui-ci avait composé une musique drôle et légère. Mais, si son œuvre paraissait simple en apparence, elle révélait une asymétrie arithmétique irrésistiblement rythmée. Satie a d'ailleurs influencé une nouvelle génération de compositeurs français et ouvert la voie aux ballets qui allaient traiter non plus de la mythologie, mais de la vie de tous les jours.

Si *Parade* entra dans les annales de l'art, il n'eut pas le succès immédiat escompté. Après qu'eurent paru les critiques, Satie, qui était très irascible, prit la plume pour répondre à l'« offense » d'un journaliste :

« Monsieur et cher ami, vous n'êtes qu'un cul, mais un cul sans musique. » Le journaliste porta plainte en diffamation et le compositeur fut tout bonnement condamné à une semaine de prison. Grâce aux efforts combinés de Diaghilev et de Picasso, ce séjour en prison fut assorti du sursis.

Pour oublier ces déboires, Diaghilev et sa troupe partirent pour l'Espagne au début du mois de juin. Picasso était du voyage.

LA BALLERINE DE PICASSO

Picasso était heureux en compagnie de la troupe et aimait flâner à travers les villes d'Espagne avec Diaghilev et Stravinsky. À sa demande le musicien jouait souvent du piano. On dansait sur les terrasses, à la lueur des flambeaux jusqu'à une heure avancée de la nuit. Picasso avait l'habitude de porter sous sa veste noire une large ceinture. Avec son regard brûlant, il ressemblait à un matador.

Tous les trois aimaient l'antique ordonnancement des maisons espagnoles aux tomettes fraîches, aux murs crépis de blanc, aux meubles aux reflets sombres qui n'avaient pas changé de place depuis des générations. Éternels voyageurs, ils savaient pourtant apprécier la force des lieux longtemps habités, leur obstination à se garder intacts à travers les mille modifications que leur faisaient subir leurs occupants successifs.

Chacun était parfaitement à l'aise dans la modernité de l'autre. Diaghilev et Pablo avaient en outre en commun la capacité particulière d'utiliser l'art pour résoudre leurs problèmes personnels, grâce à leurs contacts avec des créateurs de différentes disciplines. Le peintre et l'imprésario développaient leur connivence avec les écrivains et les musiciens en transgressant les frontières habituelles existant entre les différentes familles de créateurs. Mais, en Espagne l'esprit du peintre était spécialement hanté par la danse ou plus précisément par une danseuse, Olga Khokhlova.

Une fois de plus l'empreinte brillante des Ballets russes contribua à attiser le feu des sentiments.

Sa beauté était pure, une jolie petite tête dominant un corps parfait. Pour elle, Picasso avait déjà suivi la troupe de Florence jusqu'à Naples, renouant avec cette Italie qu'il avait connue à Rome où il devait faire une ultime mise au point du ballet *Parade*. À la fin de ce périple, alors qu'il était déjà amoureux, il avait écrit à Gertrude Stein : « On va peindre les décors ici. Je suis allé à Naples d'où je vous ai envoyé quelques cartes. J'ai soixante danseuses. Je me couche très tard. Je connais toutes les dames romaines. J'ai fait beaucoup de fantaisies pompéiennes qui sont un peu lestes, et j'ai fait des caricatures de Diaghilev, de Bakst et des danseuses. » Il n'avait pas évoqué Olga…

Mais les événements s'étaient précipités en Espagne. Le 12 juillet, à Barcelone, les amis de Picasso offrirent au couple un banquet. En novembre, ce fut l'échec de *Parade*.

Pablo et Olga rentrèrent à Paris et s'installèrent à Montrouge. À Noël, ils se fiancèrent. À la fin de sa vie, Matisse, moqueur, aimait volontiers raconter (notamment à Lydia Delektorskaïa qui me l'a rapportée) l'histoire rocambolesque des conditions qui furent à l'origine de ces fiançailles.

Après sa rencontre avec le peintre espagnol, Olga était venue à l'atelier de Picasso pour un entretien galant qui avait tourné très vite à un tête-à-tête enflammé. En sortant, un peu enivrée, la jeune fille aurait fait une mauvaise chute provoquant une entorse. Pour elle c'était un désastre car elle n'allait plus pouvoir danser. Et Picasso, l'ayant privée de son art, crut devoir l'épouser.

Derrière cette anecdote cocasse destinée à taquiner Picasso, se profilait une autre réalité. Entre Pablo et Olga, des rapports nouveaux étaient en train de s'établir, ceux de la muse et de l'artiste.

À cette époque, animé par un état d'esprit particulier, Picasso considérait cette beauté sereine comme un havre de paix après ses récentes épreuves, ses tourments personnels et les cataclysmes mondiaux. D'une manière inattendue, lui, le parfait bohème, semblait rechercher l'apaisement et aspirer à une vie ordonnée en s'offrant enfin le luxe doux de s'installer dans un bonheur tranquille.

Olga était arrivée au bon moment. De son côté, elle accédait aussi à la réalisation de son rêve. Elle désirait être l'inspiratrice, Picasso était maintenant connu et bénéficiait d'une cote incontestable auprès des marchands de tableaux. Certes elle voyait loin, mais l'ambition qui l'animait était bien au-dessous du génie de l'artiste. Olga voulait tout simplement faire de Pablo un peintre à la mode, un amuseur public, un artiste courtisé. À l'époque, cet ascendant se reflétait déjà dans ses nombreux portraits, ainsi *La Femme à la mantille* où on remarque un décalage heureux entre le pointillisme qui orne le visage et les abords de la silhouette qui paraissent inachevés.

Si Olga influença la technique de l'artiste, elle voulait aussi changer l'homme, l'éloigner des tapages nocturnes et de ses amitiés masculines. Elle était aidée en cela par les marchands dont le souhait était de mettre l'artiste au travail. Cependant Picasso avait déjà amorcé un changement de style avant l'arrivée d'Olga. Certes, Olga était classique, souvent traditionnelle, mais elle avait tout de même été initiée par l'éclat des Ballets russes, et on ne peut pas dire que le scandale de *Parade* lui ait fait peur.

Ce n'était donc pas directement pour lui plaire que Picasso avait changé de ligne en revenant aux traditions classiques. Le traumatisme de la Première Guerre mondiale est sans doute une des clefs de cette évolution. Pablo était aussi disposé à plonger dans la société mondaine, parce qu'il recherchait la vie sous d'autres formes, en contraste complet avec l'uniformité de sa vie antérieure. C'était en 1918, la guerre touchait à sa fin, c'était le temps d'aimer, de sortir, s'amuser. Il semblait heureux. Olga se promenait déjà en robe rose dans les allées du bois de Boulogne, parmi les bourgeois ébahis qui la saluaient au bras de « son maître ». Mais l'artiste et sa muse avaient aussi leurs moments d'intimité. Jamais Pablo et Olga n'y faisaient allusion quand ils se retrouvaient avec les autres artistes des Ballets russes pour des virées qui les emmenaient dans le Paris russe et canaille de Boulogne et de Billancourt. Les deux faubourgs abritaient beaucoup de leurs compatriotes. Nicolas Berdiaev habitait Clamart, Tsvetaeva à Meudon, Nina Berberova vivait à Billancourt et Lev Chestov à Boulogne. Quant à la communauté des vieux ritualistes héritiers des fidèles orthodoxes qui refusèrent les réformes liturgiques introduites par le patriarche Nikon au XVIIe siècle, elle s'était installée à Noisy-le-Roi.

Boulogne possédait un bois et un champ de courses. On y accédait par une large avenue bordée d'arbres et de pelouses. Billancourt abritait les usines Renault, et les tavernes russes et pauvres bordaient une rue commerçante laide et sale. Au gré des fantaisies et de la bourse de Pablo, ils passaient de l'un à l'autre. Ainsi se retrouvèrent-il un soir dans la petite taverne où la chanteuse Praskovia Gavrilovna, qui avait fait les beaux jours des fameux cabarets Yar et Strelna de Moscou, finissait misérablement sa carrière. Avec le peu de voix qui lui restait, elle chantait sa nostalgie encadrée par deux guitaristes tziganes. La nappe était maculée, les chaises bancales, mais la voix cassée de la Gavrilovna, malgré ses soixante ans passés, remuait de vieux souvenirs dans le cœur des exilés qui faisaient toute la clientèle d'habitués. Dans ce décor miteux les serveuses étaient pourtant toutes plus jolies les unes que les autres et tournaient autour de la table en roulant des hanches. L'œil de Pablo s'alluma et le petit visage d'Olga se ferma.

Terrassée par la nostalgie, elle savait cependant captiver toute son attention lorsqu'elle lui racontait « sa Russie », la détresse majestueuse de ses paysages indéfinis, la lumière cuivrée de son ciel. Parfois, en vrai comédienne, elle s'habillait pour lui en « femme des steppes ». Elle revêtait alors des costumes de Boukhara mordorés ou vert sombre, levant mollement les bras ou posant son menton sur ses poings.

Picasso cherchait l'évasion des steppes sauvages, il ne trouva que la banalité du décor de leur appartement, l'ennui des conversations de salon.

En bonne fille de colonel de l'armée tsariste, elle imposa cependant à son élu le mariage orthodoxe dans l'église de la rue Daru.

Durant la cérémonie religieuse, les popes majestueux découvrirent dans l'assemblée le spectacle insolite de la bohème parisienne qui s'était entièrement russifiée le temps de l'office, tout à fait soumise à la beauté du rite orthodoxe, enivrée par l'encens et les chants. Ils étaient tous là, une bougie dans la main. Diaghilev en tête, ses danseuses, Cocteau, Wilhelm Apollinaris de Kostrowitzky dit Apollinaire, le grand poète polonais-français, auteur des textes des programmes des Ballets russes, quelques marchands d'art qu'Olga considérait déjà comme les amis de la famille.

Sous le casque de sa chevelure d'ébène, la mariée était radieuse. Même si les souvenirs de son mari la rattrapèrent et si les malheurs de son pays la poursuivaient.

En effet, la Russie était ravagée par la Terreur rouge, les plus beaux régiments du tsar étaient en déroute, la guerre civile battait son plein, la Tcheka, police de Lénine, fusillait sans compter, réveillant la peur ancestrale des campagnes.

Pour Olga il s'agissait d'oublier. Ainsi, songea-t-elle à bâtir une tour d'ivoire pour son couple. Rue La Boétie, elle aménagea deux appartements superposés, laissant à l'artiste son espace vital. Pour une Russe, l'essentiel est de s'installer, d'avoir un chez-soi. Excellente ménagère, elle savait y faire régner un ordre irréprochable.

Mais un créateur en perpétuelle quête d'étonnement peut difficilement supporter le carcan des règles imposées. En poussant progressivement Picasso à s'éloigner de ses meilleurs amis artistes, Olga provoqua une faille imperceptible qui commença à miner son couple. Marc Chagall me confia, un soir d'été à Saint-Paul-de-Vence : « Ils appartenaient tous deux à des planètes différentes. » Pour Brassaï, qui rencontra Picasso dans l'appartement de la rue La Boétie, la crise du mariage débuta durant les années 1924-1925. Cette affirmation s'appuie sur une description minutieuse :

« J'avais devant moi un homme simple, sans affectation, sans morgue, sans pose. Je regardais aussi l'étrange lieu : je m'attendais à un atelier d'artiste et c'était un appartement bourgeois. Sans doute jamais logement bourgeois ne fut aussi peu « bourgeoisement » meublé : quatre ou cinq pièces – chacune sa cheminée en marbre surmontée d'une glace – entièrement vides de tous les meubles habituels, remplies de tableaux entassés, de cartons, de paquets, de baluchons, de la plupart des moules de ses statues, de piles de livres, de rames de papier, d'objets hétéroclites posés pêle-mêle le long des murs, à même le sol, et recouverts d'une épaisse couche de poussière. Picasso avait planté son chevalet dans la pièce la plus vaste – ex-salon sans doute –, seule pièce sommairement meublée. La fenêtre donnait au sud et offrait une belle vue sur les toits de Paris, hérissés d'une forêt de cheminées rouges et noires entre lesquelles apparaissait, fine et lointaine, la silhouette de la tour Eiffel. »

Dans l'appartement familial, en revanche, il n'y avait pas un grain de poussière. Parquet et meubles reluisaient. Olga veillait jalousement à ce que Picasso n'impose pas l'empreinte puissante de sa personnalité sur un domaine qu'elle considérait comme le sien. Artiste arrivé, Pablo en avait tous les attributs, tous les signes extérieurs de richesse : une Hispano-Suiza conduite par un chauffeur en livrée, les complets de grands tailleurs, les chiens de race.

Dans le salon de la rue La Boétie défilait tout l'entourage des Ballets russes, Diaghilev, bien sûr, le comte Étienne de Beaumont, Missia Sert, Erik Satie, Manuel de Falla, Jean Cocteau ; le couple sortait beaucoup, fréquentait assidûment les premières des spectacles. Picasso assistait aux réceptions et aux grandes soirées, toujours en compagnie de sa femme, belle et élégante.

Ce reflet d'une idylle parfaite cachait mal la fissure intérieure qui s'agrandissait. Déjà s'étaient amorcées les prémices de l'échec de cette jeune femme dont l'erreur fut de vouloir imposer au grand artiste une cage dorée, une vie trop bourgeoise. Était-elle allée trop loin ou au contraire pas assez profondément dans l'univers perdu de ses rêves ?

Nul ne le sait, sauf peut-être cette autre femme rencontrée le 8 janvier 1927 dans le quartier de l'Opéra. Pour la petite danseuse des Ballets russes, l'espoir de devenir grande muse allait tourner au drame. Perçut-elle ce changement dans la peinture de Pablo, qui intervenait dès qu'une autre femme entrait dans sa vie ?

Et, tandis que le cœur d'Olga battait toujours pour le ballet, Pablo, étrangement, cessa de dessiner des danseuses, allant même jusqu'à s'orienter vers des sujets qu'elle détestait... Les nuits bleues, le jazz, la corrida. Cette métamorphose profonde allait aussi devenir politique. Car, si la jeune femme était restée une Russe blanche antibolchevique, l'amitié qui liait Picasso à Éluard et plus tard son engagement en faveur des républicains pendant la guerre d'Espagne le poussaient plus nettement du côté des communistes.

En 1935, la rupture était consommée. Et, pour ne pas revoir Olga, Pablo évita la Côte d'Azur où elle se trouvait. À Paris, il revint à sa vie de bohème et rompit avec les amitiés mondaines de sa femme. Le seul milieu qui leur restait en commun, et qu'il continua à fréquenter, était l'univers des Ballets russes où il prenait plaisir à retrouver ses vieux amis, Massine et Jean Cocteau.

Picasso demanda le divorce, mais, proclamant qu'elle l'aimait encore, Olga tenta de s'y opposer. « Tu prétends m'aimer, rétorqua Pablo. Peut-être, mais alors c'est comme un morceau de poulet rôti que tu veux croquer jusqu'à l'os. »

Néanmoins affecté par ce refus, le peintre erra dans Paris, tentant de changer ses habitudes afin de ne plus retomber sur les lieux où ils avaient été naguère heureux ensemble. Ainsi le vit-on d'abord aux Deux Magots, pour finalement prendre ses quartiers au Flore. S'installant toujours à part, Stravinsky et d'autres amis des Ballets russes venaient l'y rejoindre.

Cette situation l'avait à ce point bouleversé qu'il avait cessé de peindre. Il ne fréquentait même plus son atelier et la vue de ses propres dessins l'exaspérait, tant chacun d'eux lui rappelait cette époque révolue. Désormais, il se réconfortait avec Marie-Thérèse, sa jeune maîtresse, pour qui il avait préservé l'émerveillement de la première rencontre.

Olga chercha l'apaisement dans un retour à ses racines, à ses amies danseuses. À Paris, seule l'église de la rue Daru, où elle s'était mariée avec Pablo, lui rendait le parfum de sa chère Russie et de son bonheur perdu.

La crise du couple coïncida avec l'éclipse des Ballets russes, ainsi, à la différence de Karsavina, Olga n'allait jamais retrouver la compagnie de Diaghilev. Une terrible épitaphe de cette triste histoire de muse manquée fut rédigée par la propre petite-fille du couple qui écrivit dans ses souvenirs : « Ma grand-mère Olga, humiliée, salie, dégradée par tant de trahisons a terminé sa vie paralysée sans que mon grand-père vienne la voir sur son lit de détresse et de désolation. Elle avait pourtant tout abandonné pour lui : son pays, sa carrière, ses rêves, sa fierté. »

MISSIA ET CHANEL : ÉGÉRIE ET MÉCÈNE

Deux autres femmes prétendaient au rôle d'égérie dans l'entourage de Diaghilev.

Chanel représentait la mode et l'industrie – qui ne l'impressionnaient guère – alors que pour Missia Sert, l'art passait au premier plan et la mode n'était qu'un amusement. Malgré cette rivalité, elles ne pouvaient se passer l'une de l'autre. Durant toute leur vie, elles demeurèrent proches venant à la rescousse l'une de l'autre aux premiers signes de difficulté.

Les deux femmes menèrent cependant une véritable bataille d'influence. En commençant à financer l'entreprise de Diaghilev, Chanel fit pencher la balance de son côté. Bien qu'elle ne soit jamais arrivée à destituer Missia, cela allait modifier les rapports de forces, propulsant la petite couturière en mécène des Ballets russes. Et, tandis que Chanel s'imposait, Missia continuait à briller, jetant un œil suspicieux sur les transactions discrètes de sa « rivale » avec Diaghilev.

Chanel l'accueillait lovée sur les coussins d'un canapé de daim fauve qui se creusaient à peine sous son corps mince. Elle y reposait dans l'indolente attitude de Mme Récamier, telle que la peignit le baron Gérard. Mais qu'on ne s'y trompe pas, il n'y avait aucune nonchalance dans cette attitude, ses doigts effilés effleuraient toujours la peau d'un coussin d'une caresse nerveuse. Et ses yeux, « couleur de granit pailleté, couleur d'eau montagnarde au creux d'une roche ensoleillée », comme l'écrit son amie Colette, braquaient ici et là leur regard si intense que tout le monde les voyait noirs. Noirs comme ceux de Picasso, qui justement était présent ce soir-là, assis sur le tapis, mal à l'aise dans le smoking qu'Olga l'obligeait à porter.

Même aux heures de détente, même entourée d'amis, Gabrielle Chanel trahissait un état d'alerte de tous les sens. Dans son atelier elle ne cessait jamais de palper, couper épingler, retailler, démolir pour recommencer modèle après modèle.

Presque chaque soir, elle recevait le monde des Ballets russes chez elle car elle n'aimait pas tellement quitter sa fastueuse tanière. Était-ce par réserve naturelle chez celle qui, il n'y a pas si longtemps n'était qu'une petite provinciale ou encore parce qu'elle avait un flair tout particulier pour écarter les médiocres et reconnaître les talents ? Et puis, être à l'écoute de ces amis russes si fantasques faisait désormais partie de ses préoccupations.

Aussi scrutait-elle les traits épanouis du visage de son amie polonaise, musicienne à ses heures, égérie des Ballets russes, mariée dès lors, en troisièmes noces, avec le peintre mondain espagnol José-Maria Sert, qui avait la passion du mécénat sans en avoir les moyens. Quel nouveau moyen de se ruiner Missia allait-elle trouver ? Quelles folies ses poètes chéris allaient-ils lui confier demain, au long d'un « interminable appel au secours téléphonique ».

Aider ses amis artistes faisait partie du destin de celle qui, certes, avait été dotée des qualités nécessaires, mais n'avait pas eu de tremplin pour le saut périlleux vers la réussite.

Par son charme et surtout grâce à sa volonté de fer, Chanel parvint à servir d'intermédiaire inévitable entre les gens du monde et les artistes, qui sous sa houlette devinrent le Tout-Paris. À sa table, le comte et la comtesse Étienne de Beaumont qui l'avaient introduite dans les plus grandes maisons, côtoyaient Picasso, Juan Gris, et bien sûr Diaghilev et les siens.

Comme celui du palais présidentiel, bien que moins vaste, son jardin à la française s'étendait jusqu'à l'avenue Gabriel. Dès l'entrée les célèbres paravents de Coromandel accueillaient le visiteur. Elle les avait choisis pour cacher les murs vert et or qu'elle ne pouvait pas toucher car sa demeure était classée monument historique. La décoration était d'une rigoureuse harmonie blanche, beige et tête-de-nègre (couleur qui allait devenir un classique de la décoration d'intérieur).

Par les hautes fenêtres, devant lesquelles se détachaient d'immenses sièges Louis XIV tendus de velours blanc, on pouvait voir la terrasse et le jet d'eau qu'éclairaient des projecteurs, installés sur le conseil de Stravinsky. Les fleurs, en toutes saisons, étaient d'énormes gerbes blanches. Parmi les meubles et les objets, tous des meilleurs artisans du XVIIIe siècle, trônaient quelques tableaux modernes. Stravinsky et Poulenc improvisaient volontiers dans cette ambiance et y trouvèrent les accords d'œuvres futures.

À travers les témoignages de ses amis, on retrouve ainsi sa présence dans toutes les circonstances importantes de la vie de ceux qu'elle aimait d'amitié. Sa fidélité envers la tribu des Ballets russes ne se démentit jamais.

Fut-elle vraiment *chorus girl* dans une troupe itinérante ? A-t-elle étudié la musique et le chant au cours d'une éducation beaucoup plus bourgeoise que ne le veut la légende ? En tout état de cause, musiciens et chorégraphes furent éblouis par l'aisance avec laquelle, de sa belle voix de contralto, elle déchiffrait les plus difficiles partitions de bel canto en s'accompagnant au piano.

Ses amis, tous des oiseaux de nuit, ne purent cependant jamais résoudre l'énigme de sa vie nocturne. Aux heures matinales où Missia rêvait entre ses draps, sa jolie tête dorée au creux d'un oreiller de soie, où Cocteau émergeait à peine des brumes de l'opium, où nul ne se hasardait à déranger Diaghilev, Chanel était déjà sur le pied de guerre. Debout, penchée, agenouillée, dansant son propre ballet autour de ses mannequins, elle pratiquait inlassablement la gymnastique des couturières. Tout cela avait beau être éreintant, elle déclarait fièrement : « La couture est ma joie, mon but, mon idéal, m'a raison d'être, mon tout, mon moi... Je ne suis rien d'autre qu'une petite couturière... »

« Chanci, écrivait Colette, est ainsi pareille, les reins tendus, les pieds repliés sous les cuisses, à la lavandière prosternée qui bat le linge, aux dures ménagères, entraînées jour après jour, et vingt fois le jour, à de prestes génuflexions de nonnes. Cet entraînement professionnel du corps la laisse mince, creusée par la fatigue. »

En période d'intense travail, elle quittait sa demeure pour loger au Ritz. Éviter ainsi la fatigue d'un trajet était pour elle le comble du luxe.

Parmi les lieux fastueux, Gabrielle Chanel avait une prédilection pour Deauville. Ce fut d'ailleurs le triomphe des Ballets russes qui relança cette station balnéaire en 1912. Quand elle avait exprimé son désir d'y vendre ses chapeaux, le directeur des Ballets russes reconnut tout de suite à ses mots une volonté propre à lui plaire : « Ne comprends-tu pas que j'ai besoin de faire quelque chose par moi-même ? J'ai besoin de savoir si c'est vraiment un homme que j'aime ou le confort. » (Car ce sont les hommes qui l'ont aidée à mettre le pied à l'étrier.)

Ainsi loua-t-elle une boutique tout à côté de l'Hôtel Normandie récemment achevé et attirant la clientèle nantie. Même à Deauville, on portait encore d'écrasants chapeaux, de larges capelines aux courses, des aigrettes au casino. Pourtant, les petites toques de Chanel, garnies d'une seule plume ou d'une fleur, commencèrent à se répandre, reléguant bientôt les capelines dans les garden-parties, avant de les jeter aux oubliettes.

La Côte fleurie était à l'avant-garde des modes, des automobiles de sport, des tenues de villégiature, de golf et d'équitation. Deauville s'éveillait en août, attirant une clientèle élégante et internationale. Autour de l'événement hippique, on s'activait, on s'étourdissait, dans les théâtres, sur les tapis verts, à bord de bateaux.

« Deauville en août est un lieu où il est important d'être vu », disait Diaghilev.

Chanel joua donc plus d'une fois un rôle dans le destin des Ballets russes. D'ailleurs la « tendre amitié » qui la lia à Igor Stravinsky illustre les mœurs pittoresques propres à la compagnie de Diaghilev.

Dans les années vingt, elle acheta une maison à Garches près de Paris, dans laquelle elle installa Stravinsky et sa femme, car leur situation financière était dramatique. Cette aide au couple n'empêcha pas pour autant Chanel d'avoir une brève idylle avec le compositeur. Cependant, en 1927, Igor dut partir pour l'Espagne. Chanel promit alors d'aller le rejoindre. Mais au dernier moment, fidèle à elle-même, elle trouva plus « divertissant » de descendre à Monte-Carlo dans sa nouvelle Royce avec un autre Russe, le grand-duc Dimitri.

S'étant plaint à Missia, Stravinsky reçut le télégramme suivant : « Coco est une midinette qui préfère les grands-ducs à toi. »

Stravinsky était tellement furieux que Diaghilev dut prévenir Chanel en ces termes : « Surtout ne viens pas ; il veut te tuer. » C'est du moins ce qu'affirma cette dernière. Missia, pour sa part, nia l'existence même de ce câble. En tout état de cause cet épisode provoqua l'une des plus violentes disputes entre les deux femmes qui cessèrent de se parler pendant des semaines avant de se retrouver, comme elles disaient, « dans le bouillonnement des Ballets russes ».

Chanel n'était pas le seul lien entre les Ballets russes et la mode. Toujours influencé par Diaghilev le couturier Poiret lança une autre artiste russe, Marie Vassilieff, qui créait des projets de meubles et des poupées caricaturant ses amis du monde des arts et des spectacles. À l'Exposition de 1925, elle présenta un mobilier extravagant réalisé dans des matériaux luxueux. Et, deux ans plus tard, elle décorait le café de la Coupole. Ilya Zdanévitch, qui a révolutionné l'art typographique dans son ouvrage *Ledentu le Phare*, devint quant à lui, sur la recommandation de Diaghilev, créateur de tissus chez Chanel. Beaucoup de jeunes Russes étaient mannequins, comme Tatiana Iakovleva, qui fut le dernier amour du poète Maïakovski. De vastes réseaux russo-français se tissèrent alors dans le monde du vêtement de luxe par l'apparition de couturiers russes et la collaboration entre Russes et couturiers français, comme Lelong (qui épousa la fille du grand-duc Paul).

En 1928, le prince Félix Youssoupov, personnage mythique de l'émigration russe, l'un des assassins de Raspoutine, et sa femme Irina, petite-fille d'Alexandre III, installèrent rue Dutot leur maison de couture Irfé (raison sociale formée avec les premières syllabes de leurs prénoms), en lançant une collection inspirée du style d'Alexandre Benois.

LE RENOUVEAU

Après la guerre, Diaghilev retrouva son élan artistique. La séparation du directeur des Ballets russes avec sa terre natale apporta des accents nouveaux à sa créativité. Aussi vit-on se régler une série de ballets « néoprimitivistes » créés avec la participation de deux artistes russes, Natalia Gontcharova et Mikhaïl Larionov.

Cherchant à redresser la situation financière de sa troupe, Diaghilev eut même l'idée de présenter un ballet classique de Marius Petipa dans toute sa splendeur, mais cette tentative entreprise en 1921 fut un échec. Malgré le faste et le raffinement des décors de Léon Bakst, *La Belle au bois dormant*, montée à Londres sous forme de « grand ballet », fut jugé ennuyeux et démodé. Et bien que, plus tard, cette production ait été appréciée à sa juste valeur, elle fut cette fois l'occasion pour les mauvaises langues d'accuser Diaghilev d'avoir trahi son esprit moderniste légendaire. Mais, au bord de la faillite, le directeur des Ballets russes se ressaisit et exigea de ses collaborateurs des conceptions inédites. Ainsi finit-il par trouver la solution miracle en engageant des artistes de l'« école de Paris » et des jeunes compositeurs français du « groupe des Six ».

En effet, l'étape suivante de la création de Diaghilev fut marquée par sa collaboration avec André Derain qui fut invité à réaliser les décors pour *La Boutique fantasque* de Léonide Massine ; Picasso participa à deux autres œuvres chorégraphiques, *Le Tricorne* et *Pulcinella*. Enfin, Francis Poulenc et Marie

Laurencin apportèrent leur concours à la sœur de Nijinski, Bronislava (engagée dans la troupe en 1921) pour la partition et la scénographie des *Biches*, ballet subtil et frivole. Darius Milhaud signa la musique du *Train bleu*, une « opérette dansée », autre création de Bronislava Nijinska dont les costumes, les décors et le rideau étaient dus respectivement à Chanel, Henri Laurens et Picasso. Les chorégraphies extravagantes de Nijinska traduisaient l'intérêt que Diaghilev portait alors comme il disait au « genre léger ». Une fois encore, Missia Sert parvint à attendrir Chanel pour Diaghilev qui était toujours à court d'argent. Ainsi exécuta-t-elle gratuitement les costumes du *Train bleu*. Elle créa des maillots de bain pour les interprètes, coiffa la ballerine Sokolova d'un béret de daim et lui donna, en guise de boucles d'oreilles, deux grosses perles appelées à devenir un des grands classiques du style Chanel.

Ce virage « occidentaliste » qui avait uni tous ces poètes, peintres, musiciens et danseurs dans un même élan créatif visant un authentique métissage culturel ne faisait pas pour autant l'unanimité au sein de la communauté russe de Paris. Tout un groupe d'aristocrates et d'intellectuels propageait au contraire l'idée que la Russie devait se distinguer de l'Occident et rechercher sa propre voie entre l'Europe et l'Asie avec lesquelles elle avait des liens particuliers d'appartenance. On appelait ces théoriciens les « Eurasiens ». Mais, contre vents et marées, Diaghilev allait poursuivre son chemin. D'ailleurs il évitait autant que possible le milieu de l'émigration russe. Cependant, par solidarité, les Ballets russes donnèrent tout de même deux représentations de gala au bénéfice de leurs œuvres à l'Opéra.

Une fois encore, Diaghilev allait à contre-courant. Précurseur des modes, il ne les suivait jamais. Ainsi devint-il occidentaliste quand les Années folles portèrent la mode russe à son apogée. À cette époque, les théâtres parisiens affichaient complet pour les pièces des dramaturges russes, sans parler des sociétés moscovites productrices de caviar qui raflèrent les prix de l'Exposition gastronomique de Paris. On vendait même des cigarettes au goût et au nom russe comme la fameuse Boyard, fort prisée des grands fumeurs. Quant aux Folies-Bergère on y jouait sans gêne un pas de trois plagiant des extraits des spectacles des Ballets russes.

Dans l'atmosphère de joyeuse euphorie de Montparnasse, les artistes russes étaient aussi de mise. Le sculpteur Véra Popova, raconta : « Fin 1922, nous trouvâmes du travail aux ateliers de décoration et de costumes des ballets Diaghilev. Nous nous fîmes beaucoup d'amis dans la troupe et rencontrâmes souvent Larionov dans les coulisses. » Ce témoignage confirme le rôle de l'entreprise Diaghilev, jusqu'à la mort de son créateur, dans l'insertion professionnelle des artistes nouvellement arrivés de Russie : danseurs, chorégraphes, musiciens ainsi que les décorateurs, costumiers, menuisiers, cordonniers, perruquiers, chaque corps de métier trouva à s'y employer. Même peu payés, ils vivaient moins précairement que les autres émigrés. Leur sort, comparé à celui des anciens officiers devenus ouvriers à Billancourt ou au destin des jeunes poètes et écrivains maudits, contraints d'écrire le soir après une dure journée passée à l'usine ou à l'atelier, était certes enviable.

La ballerine Nina Tikanova raconta leurs souffrances à sa manière : « Les Années folles de Paris connurent une renaissance sans précédent et le retour de la joie de vivre, mais elles furent pour nous, les émigrés russes, des années sombres où nous luttions pour simplement survivre. »

Un des critiques proche des Ballets russes, Waldemar George, exprima la tendance en vogue chez l'intelligentsia parisienne opposant la Russie des émigrés à la Russie soviétique et dénonça le goût des émigrés tablant sur l'exotisme et la couleur locale.

Mieux que quiconque, Diaghilev savait sentir le moindre changement dans l'air du temps. Ainsi lors d'une répétition d'une de ses sempiternelles reprises de *Shéhérazade*, Diaghilev fut secoué d'un tel fou rire qu'il en démolit deux strapontins et décida sur-le-champ de ne plus monter « cette vieillerie » à Paris. Sur le plan strictement commercial cette décision était risquée car la première vague des admirateurs des Ballets russes allait s'arrêter dans le harem de Shéhérazade et cesser de suivre Diaghilev dans ses recherches esthétiques. Cette nostalgie du spectateur fut à l'époque exploitée sans vergogne par tous ceux qui profitèrent de la « mode des ballets russes », comme l'ancien banquier Trakhtenberg qui ouvrit 12, avenue de Clichy, le Kazbek, le cabaret le plus cher et le plus snob de Paris, décoré de tapis persans et d'argenterie orientale que son propriétaire avait réussi à sortir de Russie.

Shéhérazade donna aussi son nom au cabaret qu'il ouvrit 3, rue de Liège, dans lequel le décor plagiait celui de Bakst. Un orchestre roumain et des chanteuses tziganes remplaçaient les personnages du ballet réglé par Fokine, transportant ainsi le spectateur dans le « rêve d'un harem ». La formule connut un tel succès qu'Erich Maria Remarque l'immortalisa dans son roman *Arc de Triomphe*. (Cet établissement ferma ses portes dans les années quatre-vingt.) Les studios Albatros produisirent un *Shéhérazade*, bientôt suivi par une *Mille et Deuxième Nuit*.

Pendant ce temps, Diaghilev tournait la page de ses exercices orientalistes, rénovant son esthétique.

Son artiste fétiche, Massine, allait se révéler à la hauteur de cette tâche avec encore plus de brio que ne l'avait pressenti Diaghilev. Sa chorégraphie fondée sur l'expressivité et surtout sa formidable présence sur scène en firent une vedette incontestée. *Le Tricorne* allait être son triomphe. Massine était aussi bien un bourreau de travail qu'un artiste inspiré : durant son séjour en Espagne il avait appris en un temps record les techniques de la danse espagnole. Il fut séduit par la frénésie des rythmes enflammés de Manuel de Falla et le décor exquis rose et ocre sur fond de ciel bleu de Picasso.

Le chorégraphe régla aussi sur la scène parisienne les *Danses des machines*, ballet constructiviste sur une musique de Prokofiev.

La fortune semblait de nouveau sourire au « tsar des ballets », comme on recommençait à l'appeler. Selon la tradition, après le triomphe obtenu par *Le Tricorne* la soirée se prolongea avec un souper à l'ambiance insolite. Arthur Rubinstein joua la musique de De Falla, tandis que Picasso dessinait une couronne de laurier au crayon à sourcils sur le crâne chauve du compositeur.

1. Portrait de Chaliapine en Boris Godounov par Golovine (saison 1908).
© Coll. part.

2. Portrait de Tamara Karsavina, danseuse légendaire des ballets russes. © RMN

3. Affiche de Jean Cocteau : Vaslav Ninjinski. © Adagp, Paris 2002.

4. La ballerine Mathilde Kchessinsk
amour de jeunesse du tsar Nicolas
© Coll. part.

5. Serge Diaghilev (1872-1929),
fondateur de la troupe des Ballets russes.
© Lipnitzki-Viollet.

5. Léon Bakst, costume de Cléopâtre conçu pour Ida Rubinstein (saison 1909).
© Coll. part.

6. Léon Bakst, costume pour *La Péri* (1911). © Leemage.

7. Vaslav Nijinski (1889-1950) dans *Le Dieu bleu* (1912). © Harlingue-Viollet.

8. Léon Bakst, costume d'odalisque. © Coll. part.

Natalia Gontcharova, décor pour *Le Coq d'or* de Rimski Korsakov (saison 1914).

10. M. Larionov, costume de paon
pour *Les Histoires naturelles* de Maurice Ravel (saison 1916). © Coll. part./Adagp, Paris 2

12. Léon Bakst, costume pour *Daphnis et Chloé*. © Leemage.

16. Léonide Massine dans *Soleil de nuit* en 1917. © Leemage.

17. Pastel de Picasso pour le programme de mai 1921.

20. Mademoiselle Chanel dans sa propriété du midi de la France en 1930.

19. Madame Nijinski en 1923.

21. Serge Lifar dans *Apollon musagète*, de Stravinski ; chorégraphie de G. Balanchine (1928). © Lipnitzki-Viollet.

23. Maya Plissetskaïa du 185e anniversaire du Bolchoï (1961). © Keystone.

22. Rudolf Noureev et Margot Fonteyn dans *Le Lac des cygnes* de Tchaïkovski (novembre 1963). © Lipnitzki-Viollet.

LA RUPTURE

De nouveaux projets pleuvaient. Grâce au soutien financier de Chanel, Diaghilev mit Massine au travail sur une nouvelle version du *Sacre du printemps*. De ce garçon assez prude et taciturne, Diaghilev avait fait le chorégraphe le plus célèbre et le plus grand danseur du monde. Évidemment, le directeur des Ballets veillait sur lui avec une possessivité obsessionnelle comme il l'avait fait avec Nijinski. Le jeune Massine ne semblait cependant pas détester la compagnie des femmes. Ainsi fut-il surpris un jour par son amant en train d'embrasser Lydia Sokolova, qui dansait dans la reprise du *Sacre*.

Mais c'était Vera Savina, une autre danseuse anglaise de la troupe, qui lui avait en réalité fait tourner la tête.

« Elle était la seule personne de la troupe qui n'avait aucune idée de la situation de Massine et du caractère de ses rapports avec Diaghilev », écrivit Lydia Sokolova.

Mais Massine était tombé amoureux d'elle. Sans se rendre compte des conséquences possibles, la jeune fille s'était laissé toucher par l'attention du danseur. Après la première répétition avec l'orchestre au Théâtre des Champs-Élysées, Sokolova descendit par hasard sur la scène une fois les danseurs partis. Il était environ six heures du soir et il faisait sombre. Vera Savina se tenait dans l'angle opposé de la scène. Missia Sert, l'amie dévouée de Diaghilev, était là aussi. Traversant la scène, Sokolova entendit Vera demander :

– Madame Sert, avez-vous vu Massine ?

– Non, Verotchka. Vous vouliez lui dire quelque chose de particulier ?

– J'ai rendez-vous avec lui.

À cette réponse, Missia dressa évidemment l'oreille.

– Ah ? Et où avez-vous rendez-vous ?

– À l'Arc de Triomphe, mais c'est tellement grand, je ne sais pas où le retrouver.

– Alors, répliqua Missia, non sans ironie, à votre place je me tiendrais juste au milieu de l'arche.

Témoin involontaire de cette conversation, Sokolova fut persuadée que Missia allait en faire part sur-le-champ à Diaghilev, imaginant la pauvre Vera plantée au centre de l'Étoile, attendant en vain...

Ces intrigues assombrirent momentanément le jeu de l'amour. Mais quelques semaines plus tard, lors d'un souper donné par Diaghilev à l'Hôtel Continental, Massine, légèrement éméché, sauta sur le piano et annonça qu'il allait épouser Sokolova. Diaghilev comprit immédiatement que Massine, comme autrefois Romola avec Nijinski, essayait de le duper. C'était bien Savina, et non Sokolova, sa rivale.

S'ensuivit un enchaînement d'aventures rocambolesques. Des détectives engagés par le directeur des Ballets russes prirent le couple en filature et racontèrent les détails piquants de leurs rendez-vous :

« Savina baissa les yeux et pouffa. Elle balançait légèrement ses jambes, ses lèvres encore enfantines étaient entrouvertes. Massine souleva doucement son chapeau, lui renversa la tête en arrière et l'embrassa. Il laissa remonter sa main le long de son bras puis déposa un baiser sur son genou en sentant sous la soie toute la fraîcheur de sa peau. »

Ces précisions furent insupportables à Diaghilev qui, ivre (ou du moins ivre de jalousie), poussa frénétiquement Massine sur un lit avec Savina, les fit se déshabiller et dit : « Si c'est cela que tu veux, prends-la maintenant. »

Cette idylle devint un véritable supplice pour le directeur des Ballets russes. Tentant de le récupérer Diaghilev alla jusqu'à se prosterner publiquement devant son amant pour lui nouer ses lacets sur son ordre.

En vain. Après cet épisode la rupture était consommée.

Piqué au vif Diaghilev disait à qui voulait l'entendre : « Quand je l'ai rencontré, il n'était rien. »

« N'ai-je pas tout fait pour Massine ? », se plaignit-il à son régisseur. « N'est-ce pas moi qui l'ai fait ... Ce n'était rien : un beau visage et des jambes médiocres. »

Et, exactement comme autrefois avec Nijinski, Grigoriev reçut donc l'ordre de le renvoyer. Massine et Savina se marièrent, abandonnant Diaghilev à son chagrin.

Après un mois passé dans la détresse, celui-ci se ressaisit et déclarant de nouveau que personne n'était irremplaçable, il se mit à la recherche de nouveaux artistes... et de nouveaux amants.

Les critères de son choix étaient clairs et nets : beauté et jeunesse.

Selon un cérémonial bien rodé, les jeunes gens qu'il envisageait d'engager comme secrétaire particulier étaient introduits dans sa chambre d'hôtel. Assis à son bureau, Diaghilev faisait semblant d'écrire. Sans lever la tête, il marmonnait « Déshabillez-vous », puis vissait son monocle dans son orbite. Si le jeune homme n'était pas à son goût il lui demandait tout simplement de disposer, après quoi il se replongeait dans son courrier.

Ainsi Boris Kochno, séduisant poète de dix-sept ans, dut-il subir la même épreuve insolite avant d'être engagé.

Pendant la première semaine, Kochno ne se vit confier aucun travail.

Quand il se décida enfin à demander timidement à Diaghilev ce qu'il attendait de lui, il s'entendit répliquer : « À vous de trouver. » Cette réponse ambiguë incita le jeune homme à se définir lui-même un rôle qui allait bientôt contribuer à insuffler un nouvel essor aux Ballets russes. Ainsi écrivit-il le livret de *Mavra*, opéra de Stravinsky. Il allait par la suite rédiger les arguments poétiques de bon nombre des ballets de Diaghilev – dont *Le Bal*, de Rieti-Chirico, *La Pastorale*, d'Auric, et *Le Fils prodigue*, de Prokofiev.

Le seuil de la cinquantaine avait transformé le caractère du directeur des Ballets russes. Ses sautes d'humeur imprévisibles devenaient de plus en plus fréquentes. Sa joie de vivre légendaire avait disparu. Il refusait dès lors de laisser faire son portrait, évitant de se regarder dans les miroirs. Toujours entouré de jeunes gens, il souffrait de sa corpulence d'homme mûr, de ses fausses dents mal ajustées et surtout de son diabète mal soigné. Se bourrant de médicaments, il prisait aussi de la cocaïne. Plus superstitieux que jamais, il se déplaçait toujours avec une canne, de façon à pouvoir toujours toucher du bois.

De plus en plus maussade, il redoutait la solitude, arguant : « Il m'est absolument nécessaire de faire l'amour trois fois par jour. » C'était sans doute une exagération, mais il était sûrement insatiable, et cela dans tous les domaines. Au temps du Bœuf sur le toit et des premiers clubs de jazz, on pouvait observer la massive silhouette de Diaghilev ressemblant à celle d'un héros d'Oscar Wilde. Il était toujours encadré par ses lieutenants, hantant les rives où Cocteau lui servait de gondolier.

Ainsi les amants se succédèrent-ils, tous plus jeunes, plus beaux et plus ambitieux. Cependant Diaghilev ne perdit jamais son flair, pas plus que le pouvoir absolu qu'il exerçait sur les Ballets russes.

Son obsession, pour ne pas dire son idée fixe, était de trouver « un nouveau Nijinski ».

Les labyrinthes de sa vie sentimentale ont toujours poussé Diaghilev à être à la pointe des modes et des écoles. Tout au long de son existence, il pressentit les nouvelles tendances. Alors que les partisans de l'avant-garde se bagarraient contre les derniers adeptes du romantisme wagnérien, il imposa la vogue du réalisme avec le ballet *Jeux*. Converti par Picasso au cubisme, il flirta avec le surréalisme, et si le projet d'un ballet de René Crevel et Henri Sauguet ne se réalisa pas, ce ne fut pas de son fait. Il créera un ballet constructiviste avec *Pas d'acier* et plongea avec Balanchine dans le néoclassicisme.

Sa dernière découverte fut donc ce chorégraphe pétersbourgeois d'origine géorgienne qui allait donner au langage académique un style nouveau fondé sur le rythme et la mélodie. C'est dans la compagnie de Diaghilev qu'il régla aussi ses premières compositions abstraites dans lesquelles il développa avec brio les traditions héritées de la chorégraphie de Marius Petipa.

Si Diaghilev cherchait avec ses poulains non seulement une sorte de fusion artistique totale, mais également une complicité sensuelle d'exception, Balanchine n'était pas à son goût. L'intermède avec l'Anglais Anton Dolin n'apporta pas non plus l'apaisement à cette âme tourmentée.

Le temps de Dolin touchait donc à sa fin.

LIFAR OU L'AMOUR À VENISE

En cette année 1924, une pluie froide tombait sur Paris et il semblait que l'été s'en était allé pour ne plus revenir. Les rues brillaient d'un éclat humide et la ville était sombre. On eût dit qu'un automne précoce avait aussi pénétré l'âme de Diaghilev qui était assis dans les coulisses du Théâtre de Paris, emmitouflé dans sa pelisse, courbé sur sa canne. Chanel apparut soudain, lumineuse et agitée. Elle posa une main sur l'épaule de son ami et, de l'autre, lui désigna un adolescent au visage de prince hindou, concentré à l'extrême sur l'invisible effort auquel il soumettait son corps parfait en répétant *Le Train bleu*.

Arrivé depuis un an seulement de Russie, il n'avait encore qu'un petit rôle dans la compagnie. Jean Cocteau, qui avait été le plus prompt à déceler les dons du jeune Serge Lifar, en avait fait part à sa couturière préférée. Chanel fut d'emblée séduite par le génie naturel, la beauté et, surtout, par la volonté farouche qu'exprimait ce garçon de dix-neuf ans.

Mutine, elle déclara :

– Serge, voilà le danseur qu'il te faut.

– Ainsi, vous trouvez qu'il ne danse pas trop mal, votre filleul ? plaisanta Diaghilev avec une secrète fierté.

Missia et Picasso renchérirent :

– Le corps de ton petit danseur a des proportions idéales.

Le pauvre garçon s'était alors interrogé sur l'importance des remarques qu'il venait d'entendre.

Il avait quitté la Russie soviétique avec un groupe de jeunes danseurs de Kiev, à peine formés.

Laissons-lui le soin de raconter sa première impression de Paris. « Après tout ce que nous avions vécu, il fallait à la fois l'inconscience et la passion de découvrir de la jeunesse pour supporter ces contrastes. Hier encore le monde soviétique derrière ses barbelés, le grand brouhaha de la route, la mort sans cesse présente et maintenant dans l'aube laiteuse et froide une inscription en grandes lettres blanches sur une plaque d'émail bleu : Paris-Gare du Nord. »

D'emblée Diaghilev demanda aux nouveaux arrivants de lui parler de sa chère Russie. Mais la vie quotidienne au pays des soviets était loin d'être un roman. La famine régnait, la police secrète de Lénine, la Tcheka, faisait sans cesse des rafles.

Lifar évoqua le silence qui régnait dans les rues endormies de Kiev, les rares piétons qui passaient sans hâte, les traits tirés et les habits en loques ; les fiacres disparus et le peu de tramways ; les maisons qui tombaient en ruine...

Rien d'étonnant à ce que ces jeunes danseurs aient décidé de fuir l'URSS, sa « divinisation des masses » et son « oppression de l'individu ».

Tout à son récit, le jeune Serge se sentit néanmoins succomber au charme de son futur mentor : « Le trouble que j'éprouvais, écrit-il dans ses souvenirs, et qui m'empêchait de rien comprendre à ses paroles, fondit à la lumière de ses yeux étrangement clairs et jeunes. Maintenant il nous faisait parler. Il nous demandait nos impressions d'un pays que nous venions à peine de quitter et qui nous semblait déjà de l'autre côté du monde. »

Pendant ce temps, la mèche blanche se détachant sur ses cheveux teints, Diaghilev laissa tomber son monocle et, immobile, scruta le plafond. Son regard assombri se perdit au loin, audelà de la frontière soviétique. Puis son visage s'éclaira. Le directeur des Ballets russes adorait la jeunesse et pour lui il n'y avait pas de doute : ces « revenants de Kiev » étaient là pour étonner l'Europe comme autrefois il l'avait fait avec ses premières saisons.

Son œil de velours s'était posé sur le jeune danseur, et voilà que Serge Lifar n'était plus capable d'articuler le moindre mot tant le « tsar des Ballets » l'impressionnait. Et quand Diaghilev lui demanda ce qu'il savait faire, ses camarades durent répondre à sa place.

Quelques jours après cette étrange conversation, la troupe partit pour Monte-Carlo. Lifar fut ébloui par cette luxuriance de mimosas, de palmiers, d'orangers ; la mer, la douceur de vivre monégasque. Profitant de l'absence de Diaghilev, il se prépara assidûment à l'examen qu'il devait subir.

Au bout de trois semaines, le directeur du ballet arriva. Le jeune danseur espérait exécuter ses performances devant lui seul, mais il n'était qu'un numéro du corps de ballet et la troupe assista à sa prestation. Cependant, sans qu'il le sache, le maître avait déjà mis Lifar sous sa protection.

Désormais Lifar allait être un observateur perspicace de la personnalité de Diaghilev, nous en faisant connaître mieux que quiconque les colères slaves incontrôlées suivies de numéros de charme à toute épreuve. Et il allait bientôt en découvrir les prémices.

Un jour, alors qu'il revenait de la plage de Monte-Carlo, Diaghilev le prit par le bras :

« Si je vous ai arrêté jeune homme, dit-il, c'est dans votre intérêt. Je m'intéresse à vous depuis longtemps, vous avez plus de talent et d'enthousiasme que vos autres camarades. Je veux vous aider à développer votre talent, vous ne voulez pas vous en rendre compte et vous me fuyez comme une bête sauvage. Libre à vous. Croyez-vous donc que j'aille vous supplier ? » Rouge de colère, il conclut en hurlant :

« Vous vous trompez, jeune homme ! »

Quelque peu désabusé, Lifar repartit avec la troupe pour Paris où il loua une chambre rue de la Victoire. Le lieu étant trop exigu pour faire le moindre exercice, il descendait travailler sur le trottoir sous l'œil attendri des dames des maisons closes. Et le jeune danseur de s'appliquer davantage encore pour arracher les bravos de ce premier public à conquérir.

Il recevait huit cents francs par mois, juste de quoi se nourrir. De plus, il avait dû acheter l'uniforme que tous les artistes des Ballets russes portaient : culotte de golf noire avec cinq boutons sur les côtés, chemise blanche avec manches retroussées aux coudes, bas blancs et chaussons noirs (seuls les chaussons étaient fournis par la compagnie).

Tout en continuant à donner les premiers rôles à son favori Dolin, le directeur du ballet commença, en sourdine, à mettre Lifar à l'épreuve. Ainsi lui confia-t-il le rôle de l'esclave mourant dans *Shéhérazade.*

Le caractère passionnel de leurs rapports fut mis en évidence par un autre incident. Il était interdit aux danseurs de se trouver dans la salle pendant le spectacle. Violant cette règle, Lifar était assis avec Cocteau, Milhaud, Braque, Picasso, quand Diaghilev apparut. Rajustant son monocle d'un tic nerveux secouant tout le côté droit de son visage, il interpella son danseur d'un ton glacé :

– Si je ne me trompe, jeune homme, vous appartenez à la compagnie depuis un an. Vous devriez savoir que les place payantes sont réservées au public et non aux artistes du corps de ballet.

Si Diaghilev était intransigeant, il savait aussi encourager Lifar.

La saison de Paris battait son plein et *Noces* remportait un succès considérable à la Gaîté-Lyrique où se produisait alors la compagnie. Le programme comprenait aussi *Petrouchka* et *Les Danses polovtsiennes.*

Pendant une répétition de *Petrouchka*, Lifar improvisa le rôle du gamin à l'accordéon. Diaghilev l'applaudit alors avec ferveur :

– Je vous salue et vous félicite pour ce rôle. Car pour un artiste il n'y a pas de petit rôle.

Il faut dire que Lifar saisissait la chance à bras-le-corps, il travaillait avec acharnement, faisant des heures supplémentaires pour améliorer ses qualités de danseur. Fort de toutes ces performances, il ne parvenait pourtant toujours pas à établir une relation normale avec son patron et demeurait pétrifié ou même s'enfuyait dès qu'il lui adressait la parole. Et le jeune garçon de se languir en silence pour ce maître intouchable.

Le 20 juin 1924 eut lieu la première représentation du *Train bleu* au Théâtre des Champs-Élysées. Si Dolin y obtint un triomphe, cette soirée allait être inoubliable pour Lifar.

Avant la répétition générale, le jeune danseur rencontra Diaghilev.

– Je veux faire de vous mon premier danseur et j'y arriverai, lança-t-il. Pour le moment, pas un mot à quiconque.

Ces mots allaient être décisifs pour la carrière artistique de ce danseur d'exception.

Fallait-il maintenant brusquer les choses ou attendre ? Hésitant, le jeune amoureux transi finit par demander un rendez-vous avec le directeur des Ballets russes.

La veille du grand jour, il ne parvint pas à dormir.

À 11 heures, Diaghilev l'attendait déjà dans le hall de son hôtel, détendu, souriant avec bienveillance. « Eh bien, qu'avez-vous à me dire ? »

On apporta du thé. Et Lifar commença à balbutier :

– Je voulais, je voulais vous remercier... et vous dire adieu... je pars la semaine prochaine...

– Fort bien. Et où comptez-vous passer vos vacances ?

Le danseur lâcha alors :

– Ce n'est pas pour deux mois que je pars, mais pour toujours... je quitte la troupe.

Fidèle à lui-même, Diaghilev entra dans une de ses mémorables crises de rage. Écarlate, il saisit un guéridon et le renversa dans un bruit épouvantable. Puis, sans se soucier des gens qui l'entouraient, il commença à hurler :

« Qu'avez-vous l'audace de me dire ?... Je vous fais venir de Russie ! Je vous apprends à danser ! Et maintenant que je compte sur vous, vous venez m'annoncer que vous vous en allez ! Vous avez dix-neuf ans, vous commencez tout juste à vivre. Je vous ai dit que vous pouviez devenir premier danseur.

Vous vous trompez fort, si vous croyez l'être déjà. Tout votre avenir dépend de moi…

Au fait, vous pouvez vous en aller. Je n'aime pas les ingrats... allez au diable ! »

Le jeune danseur était abasourdi.

Petit à petit Diaghilev se radoucit et se montra même aimable en lui proposant une augmentation.

Mais l'entêté persista :

« Non, je ne suis pas venu pour vous demander quelque chose, mais pour vous remercier et vous dire adieu, je vais entrer dans un monastère ! »

Cette perspective produisit un effet inattendu sur le directeur du ballet, qui laissa lourdement tomber sa tête sur la table et se mit à sangloter.

« Le voilà, le vrai Aliocha, hoqueta-t-il, car tu es Aliocha Karamazov du roman de Dostoïevski, mon pauvre garçon. Pour cette ardeur naïve et folle, je tiens encore plus à toi ! Mais qu'y a-t-il ? Pourquoi t'enterrer vivant ? Pourquoi renoncer à la vie, à ton talent ? »

En guise de réponse le jeune danseur commença à livrer à son patron ses doutes, ses appréhensions… Mais Diaghilev coupa court :

« Oublie ça. J'ai confiance. Ce n'est pas pour rien que je t'ai remarqué dès les premiers jours. Tu seras danseur. Je veux faire tout pour cela. Je veux un autre Nijinski. »

Celui dont l'ambition avait tant plu à Chanel fut certes subjugué par ces mots magiques, mais il n'en perdit pas pour autant le sens de la réalité :

« Si vous croyez que je serai quelque chose, envoyez-moi en Italie, chez Cecchetti, le professeur de Nijinski et de Pavlova. Je veux faire cet essai. Si je ne réussis pas, tant pis ! »

Bien entendu, Diaghilev lui donna son accord. Durant les jours suivants, il l'équipa, lui achetant les meilleurs costumes, des livres et même un canotier à la Maurice Chevalier. Puis il lui remit un billet pour Turin et son passeport avec le visa italien. Le jour du départ, vers 5 heures du matin, un Diaghilev rajeuni, sa lourde canne à la main, vint en personne accompagner son jeune danseur à la gare.

« Recueille-toi, dit-il. Tais-toi une minute... Et maintenant je te donne ma bénédiction. »

Il fit sur le jeune homme un signe de croix hâtif puis, en s'éloignant, il ajouta :

« Apprends comme je veux... et danse comme tu peux et comme toi tu veux. »

Lifar ne reçut la première lettre de Diaghilev que huit jours après son arrivée. Lui aussi était en Italie : « Je ne suis arrivé qu'hier à Venise et j'y ai trouvé votre gentille lettre. Je suis très heureux de toutes les choses que j'y apprends. Une seule me déplaît : que vous ne soyez pas satisfait de la table. Il est nécessaire que vous mangiez bien, faites-y attention. Écrivez-moi pour me dire si vous lisez, si vous avez déjà envoyé des livres à Paris pour qu'on vous les échange, si vous recevez les journaux (russes) ? Les leçons de trois heures c'est évidemment un peu long, mais il faut battre le fer quand il est chaud, car vous n'avez pas beaucoup de temps. Je voudrais avoir de vos nouvelles. »

Diaghilev se souciait toujours de la formation de ses favoris, surtout dans les domaines de l'art de la danse. Une fois encore, c'était pour son art que Diaghilev avait choisi Lifar. Et si le directeur des Ballets russes avait réussi à transmettre tant d'inspiration à autrui, ce ne fut pas sans épuisement pour cet homme d'une constitution stupéfiante.

Trois semaines plus tard, le jeune homme reçut un billet (les lettres sont citées d'après ses Mémoires ; voir la bibliographie).

« Cher Serge. Je serai à Milan le mardi 29. Je pars le matin à 9 h 25 et arrive l'après-midi à 3 h 05. Vous prendrez un billet de seconde et vous partirez de Turin à 10 h 50 du matin. Vous serez à Milan à 1 h 30 de l'après-midi. Vous pourrez déjeuner à la gare et m'attendre ensuite. Je vous envoie aujourd'hui un mandat pour vos frais de voyage. Répondez immédiatement pour me dire que vous avez reçu cette lettre. J'ai bien reçu la vôtre, merci. »

Diaghilev et son jeune ami furent heureux à Milan. Le jeune Lifar se donna corps et âme au maestro qui ne quittait plus ses pensées, tant il était fasciné par la personnalité exceptionnelle de son mentor.

Ainsi le processus d'éducation se répéta-t-il : visites aux galeries et aux musées, étude des reliefs et des poses de la sculpture classique. Le couple ne manqua aucun monument, aucun chef-d'œuvre. L'immense galerie Victor-Emmanuel, le Dôme, l'église Santa Maria delle Grazi, *La Cène* de Léonard de Vinci, la galerie Brera, la Scala, Diaghilev voulut que Lifar visitât toutes les splendeurs de cette ville. Le jeune danseur était parfois fatigué par tant d'impressions neuves et n'osait pas toujours laisser apparaître ses sentiments, intimidé par son illustre compagnon.

En vrai séducteur Diaghilev choisit soigneusement sa tenue : pantalon blanc étroit et court (il ne lui arrivait qu'à la cheville), chaussures blanches, canotier qu'il levait fréquemment pour s'essuyer le front, veston noir et camélia à la boutonnière, monocle dans le gilet. Il s'appuyait sur sa canne, soufflant, remuant constamment la tête comme s'il avait voulu s'échapper de son faux col rigoureusement empesé (jamais, même en pleine canicule, il ne consentait à porter un col mou).

Après cette escapade Lifar retrouva tristement Turin. Milan lui avait trop donné. Il avait eu Diaghilev tout à lui, et il avait l'impression de l'avoir déçu, de lui avoir donné le sentiment de ne pas être à la hauteur de ses attentes.

Le danseur s'en ouvrit alors à son mentor dans une lettre. Quelques jours plus tard, il reçut cette réponse.

« Cher Serioja. Votre lettre me déplaît beaucoup. Il y figure une espèce de mélancolie et des points de suspension complètement inutiles. Mes impressions tout au contraire sont bonnes. Je crois qu'il vous est utile et même nécessaire d'apprendre à connaître de cette façon tout ce qu'il y a de plus beau, si vous voulez devenir un véritable artiste.

J'aurais beaucoup voulu vous montrer Florence qui fut à l'origine de l'activité artistique de Massine. C'est là qu'il a compris et senti ce quelque chose qui a fait de lui un créateur. J'espère que cela sera possible entre le 15 et le 20. Pour le moment je ne vous promets rien encore, je vous écrirai... »

En attendant le jeune danseur suivait assidûment ses cours de danse, parfois jusqu'à l'épuisement. Il était même rentré de sa première leçon couvert de bleus.

Seul face à son travail, face à son destin, de nouveau dans une ville inconnue, Lifar ne voyait personne en dehors des leçons. Quand il en avait le loisir, il se promenait à travers la ville ou se plongeait dans les livres que Diaghilev lui avait recommandés avant son départ, les grands classiques russes, mais aussi les romanciers et les poètes contemporains comme Ehrenbourg, Remizov ou Essenine ainsi qu'une étude sur le duel et la mort de Pouchkine.

Cecchetti, son professeur, l'avait pris en amitié. Peu à peu le danseur était devenu un familier de son foyer où il l'avait accueilli avec la plus grande générosité. Ce maître lui avait prodigué d'utiles conseils : « N'oublie jamais, disait-il, que, dans cet art, il faut être persévérant et même un peu tenace ; toutefois pas de fanatisme exagéré. De l'amour et de la volonté, mais jamais d'exagération. »

Le jeune homme promettait déjà beaucoup. Mince et beau, il avait de plus un tempérament facile, à l'inverse du difficile et bizarre Nijinski et, fataliste comme le sont souvent les Russes, il prétendait « qu'il devait en être ainsi et que c'était le destin qui le voulait ».

Un jour, il reçut un paquet de la part de Diaghilev. Il attendit avant de l'ouvrir, prolongeant avec joie des délices imaginaires.

Qu'est-ce que cela pouvait être ? Quelques colifichets, des cravates ? Non ... des livres d'art.

« Je vous demande d'étudier – écrivait Diaghilev – ces reproductions très sérieusement, afin de comprendre la différence qui existe entre les divers maîtres de Florence, de n'y être pas tout à fait en pays étranger. Vous emporterez les brochures avec vous. Écrivez-moi si elles vous sont parvenues, ainsi que vos chaussons de danse. Je suis content que vous alliez souvent chez le maestro et que vous l'aidiez dans son jardinage. C'est une occupation bien fleur bleue. »

Cette attention n'eut pas sur le moment le succès escompté et exaspéra même le jeune homme. Encore et toujours, seul le travail semblait avoir une importance pour Diaghilev. À travers ses larmes, il regardait les opuscules sans y comprendre grand-chose. Tout lui semblait identique. De rage, il alluma une cigarette, éteignit l'allumette en la secouant vivement et la jeta dans le cendrier posé sur la petite table orientale qui lui servait de table de nuit. Les visages magnifiques peints par les grands maîtres d'autrefois semblaient le regarder avec hostilité, désapprouvant cette rébellion. Il n'arrivait pas à distinguer clairement aucun style ou école. Cependant la colère tombée, il s'y appliqua pour ne pas désenchanter son mentor. L'exercice n'était pas facile, Lifar n'avait pas l'habitude des efforts intellectuels. De plus, les commentaires de ces livres étaient rédigés en italien, or ses connaissances en cette langue étaient encore très limitées.

Diaghilev continuait à le tracasser : « Avez-vous bien reçu les brochures ? Vous ont-elles intéressé ? Écrivez-moi longuement et en détail. »

Quand Lifar se décida enfin à lui écrire, il utilisa la même tactique psychologique qu'au moment de son départ pour l'Italie. De nouveau il brusqua les choses afin de provoquer une explication décisive.

En retour, il reçut le télégramme suivant :

« Liquidez tout à Turin. Soyez mercredi soir à Milan, hôtel Cavour avec tous vos bagages. »

Il ne fut pas difficile pour le jeune garçon d'abandonner ce qu'il possédait dans sa médiocre demeure, pour ainsi dire, rien. La seule chose qu'il pouvait alors regretter était l'amitié de Cecchetti, ce vieux maître admirable, passionné de son art et de la technique du ballet. Le jeune homme en prit congé « comme un fils ».

À peine Lifar eut-il rejoint Diaghilev à Milan que le couple partit pour Venise.

Ils descendirent du train au moment magique où la lumière était en train de changer, transformant les couleurs prononcées de la peinture du jour en gravure soulignant les lignes précises du crépuscule.

Tutoyant Lifar pour la première fois, Diaghilev prononça ces mots qui allaient entrer dans les annales des grandes histoires d'amour du XXe siècle :

« Veux-tu que nous prenions un fiacre, une gondole ? »

Et, sans hésiter, le jeune homme choisit bien sûr la gondole. En maître du non-dit amoureux, Diaghilev se mit à rire... Un couple de jeunes aigles planait haut dans le ciel. Les deux oiseaux de proie volèrent un moment côte à côte d'un même battement d'ailes, puis virèrent à l'unisson pour aller se poser sur la cime d'un arbre.

Admirant ce double symbole de puissance, de liberté et d'acuité, Serge Lifar se demanda s'il devait y voir un heureux présage. Sa jeunesse et la passion qui l'habitait le portèrent à le croire.

C'était le 20 août 1924. « Un bleu profond se reflétait sur la surface noire du Grand Canal qui murmurait à peine », raconte Serge Lifar dans ses souvenirs. Il y avait dans l'air cette douceur paisible, pure et contemplative qui caractérise souvent les grands rendez-vous d'amour. Tout paraissait charmant au jeune homme, tout d'abord Diaghilev lui-même, qui était devenu « un doge de Venise, fier et heureux ».

Ils restèrent cinq jours à Venise durant lesquels le sourire ne quitta pas les lèvres du directeur des Ballets russes. Réconforté par le doux soleil de l'Italie, il aimait à s'asseoir place Saint-Marc, à une table du café Florian, s'y sentant comme chez lui. Toujours par superstition, il ne permettait jamais à son favori de passer entre les deux colonnes de la Piazzetta.

Sa joie de vivre fut si communicative que son jeune compagnon comprit qu'il avait trouvé en Diaghilev un ami sûr.

En bon élève, Lifar commença alors à s'intéresser davantage à ce qu'il lui montrait. Le couple erra au gré des canaux et des ruelles. Le jeune homme se baignait au Lido, mais Diaghilev, lui, ne se baignait pas, car « pour rien au monde il ne se serait montré nu » – à l'opposé de son beau compagnon.

De Venise, ils firent un court pèlerinage à Padoue, petite cité aux venelles étroites, ornées de portiques. Lifar y fut conquis une fois pour toutes par l'art italien. « Devant les fresques de Giotto, écrit-il, nos deux âmes se rejoignirent dans un seul élan vers la beauté. »

À Padoue, Diaghilev ressentit une piété particulière pour saint Antoine qu'il considérait comme son patron (il portait toujours une médaille à son effigie dans l'une des poches de son gilet.) Ce fut agenouillé sur la tombe du saint qu'il déclara à son amant combien il croyait en son avenir artistique et lui fit le serment de le protéger.

En Pygmalion accompli, Diaghilev savait inculquer à ses amants l'association insolite de l'élan artistique et du sentiment passionné. Et le jeune homme allait désormais ne vivre que pour le ballet, n'ayant qu'une chose en tête : être digne de son mentor. Il prit alors vraiment plaisir à se cultiver pour se rapprocher de lui, « pour sentir, penser aussi profondément que lui ».

Cette fois, le directeur des Ballets russes était heureux de lui prodiguer ses encouragements :

« Je ne doute plus maintenant d'avoir gagné mon pari. Je sais que tu seras bientôt chorégraphe des Ballets russes. J'ai hâte de te voir à l'œuvre, d'être fier de toi et de moi-même. »

Puis Diaghilev partit pour Monte-Carlo et Lifar pour Paris où toute la troupe devait se rassembler au début du mois de septembre.

Mais quand, le 31 août, le directeur des Ballets russes regagna à son tour la capitale accompagné de ses amis, Anton Dolin et Boris Kochno, Lifar sentit immédiatement qu'une « muraille vivante » allait se dresser entre lui et son amant. C'en était fini des entretiens en tête à tête. Voilà qu'après ces instants délicieux passés en Italie il se retrouvait plongé dans une solitude plus dure encore à supporter qu'à Turin.

Le démon de la jalousie était entré en jeu...

Une rivalité coriace allait s'installer entre Lifar et Boris Kochno. Celui-ci, en effet, n'était pas uniquement le secrétaire particulier du directeur des Ballets russes mais également un influent homme à tout faire, presque une éminence grise. Ce garçon, intelligent et beau, prompt et rusé, avait su circonvenir Diaghilev et ne voulait pas voir un concurrent détruire son influence. Aussi s'efforçait-il d'écarter Lifar ou au moins de le tenir à distance.

La troupe au complet fut immédiatement frappée du changement qui s'était opéré : du petit ourson un peu brusque et brutal, Lifar était devenu un jeune homme élégant et courtois. Diaghilev (qui pensait à tout) insista même pour que le jeune homme remplace les mauvaises dents qui déformaient son beau visage.

Bientôt les journaux parisiens commencèrent à parler d'une nouvelle étoile montante. Lifar tenait sa victoire. Diaghilev, d'ordinaire si avare de manifestations extérieures, écrivit sur son programme : « Au premier parmi les plus jeunes. Au plus jeune parmi les premiers. »

Dans ce contexte, Dolin dut faire ses adieux aux Ballets russes.

La force de Diaghilev était aussi de savoir arranger les rapports entre ses danseurs favoris. Ainsi Dolin n'en voulait pas à Lifar de le remplacer dans le cœur de Diaghilev, il vint même dans sa loge, avant le spectacle, pour disposer la couronne de Borée sur le front de son heureux successeur. Puis il dansa, les larmes aux yeux.

Lifar devint alors le premier artiste de la troupe.

Une nouvelle période s'amorçait pour les Ballets russes.

À quelque temps de là, le professeur espagnol de Massine, Félix, sombra dans la folie alors qu'il accompagnait la troupe à Londres. Pensant apparemment qu'il allait danser le rôle principal du nouveau ballet, il en avait improvisé une *farruca* qui devait en être le sommet. Quand le malheureux s'aperçut qu'elle serait, au contraire, dansée par Massine, et qu'il ne vit pas son nom sur l'affiche, ni comme danseur, ni même comme chorégraphe, il en fut si affecté qu'il quitta le théâtre et courut à Trafalgar Square. Là, apercevant une lumière rouge aux vitraux d'une église, il brisa une fenêtre, s'introduisit dans l'édifice où on le retrouva, fou, dansant sur l'autel.

Après lui avoir rendu visite à l 'hôpital, Diaghilev dit d'une voix triste :

« Voilà les *Passions* des Ballets russes, et leurs drames. Et c'est ma faute. »

La passion marqua bien entendu aussi ses relations avec Lifar.

Mathilda Kchessinskaïa raconta la nuit de la Pâque russe du 2 mai 1926, dans sa villa du cap d'Aile, la villa Alam, où elle avait invité Serge Diaghilev et sa troupe. (Alam est le diminutif de Mathilda écrit à l'envers.)

La table pascale avait été dressée, chargée d'œufs peints de toutes les couleurs et de mets succulents. Après le repas, on se mit à danser. Serge Lifar, quelque peu éméché, entreprit de faire la cour à Tamara Karsavina. Fort mécontent, Diaghilev mit fin au flirt d'une manière ferme : « Jeune homme, vous êtes semble-t-il un peu trop gai ! Il est temps de rentrer à la maison ! » Et ils repartirent tous deux pour Monte-Carlo.

La politique constante de Diaghilev était donc d'éloigner ses élus de la compagnie des femmes. Ce n'était pas seulement par jalousie mais par tactique, il pensait que les femmes détournaient ses « créations » de la danse, qu'elles les étouffaient et « suçaient le meilleur de leur vitalité ». Avec l'absolutisme de l'artiste, il gardait essentiellement en vue l'Art.

Lui-même ne put jamais s'empêcher de courir les garçons (son dernier protégé sera un jeune compositeur russe âgé de dix-sept ans, beau et doué, Igor Markevitch).

Il tint d'ailleurs toujours à ce que ses favoris connaissent personnellement leurs prédécesseurs. Ainsi, durant les fêtes de Noël 1928, ce Pygmalion vieillissant proposa-t-il à Lifar de rencontrer Nijinski. Celui-ci avait sombré dans une apathie totale et ne parlait pour ainsi dire plus. La mémoire du grand danseur s'était gommée complètement, il avait perdu toute notion de son identité.

Selon le témoignage de Lifar, il régnait dans son appartement une atmosphère de clinique : odeur de pharmacie, silence, gardiens vêtus de blanc. Romola était en voyage. Un serviteur alla annoncer à Nijinski la visite du directeur des Ballets russes et du jeune Lifar qui crut bien se retrouver dans un cachot.

Ils aperçurent un homme à moitié nu, reposant sur un sommier très bas. La robe de chambre ouverte sur sa poitrine, Nijinski reposait, les jambes étendues et croisées. (Il conservait cette pose indéfiniment, ne traduisant sa nervosité que par ses mains, tantôt en se griffant les doigts jusqu'au sang, tantôt en faisant des manières.)

Le domestique s'approcha de lui et lui dit que des amis étaient venus pour le voir :

– Faites entrer ! dit-il de la voix sereine d'un homme en apparence parfaitement sain. Il jeta sur ses visiteurs un regard de bête traquée. Puis tout à coup il sourit si franchement, si puérilement qu'ils furent touché par le charme qui émanait soudain de ce visage. Il passa du sourire au grognement puis fut secoué d'un rire stupide, pénible à supporter. Tout d'abord il ne parut pas remarquer Diaghilev puis, peu à peu, il sembla le reconnaître et l'écouta même par instant avec attention, d'un air tout à fait posé.

Diaghilev lui parla de Lifar qui les avait laissés seuls.

– Il m'aime ? demanda-t-il brusquement. Ce furent ses seules paroles en russe.

Avec compassion, le directeur du ballet le réconforta.

– Oui, Vatza, il t'aime et moi aussi, tous, nous t'aimons.

Nijinski se mit à rire :

– C'est adorable ! lança-t-il dans un français à peine compréhensible.

Diaghilev essaya de lui parler de la danse. En évoquant les splendeurs du passé de ce « clown de Dieu » il espérait le rappeler à la conscience. Il lui proposa ensuite de l'emmener au théâtre. Cette perspective mit Nijinski de très bonne humeur. On lui fit alors prendre un bain, mais ses jambes s'étaient tellement affaissés qu'il arrivait à peine à marcher.

Lorsque Diaghilev revint le soir pour l'emmener à l'Opéra, Nijinski était déjà habillé, assis dans une pose détendue, le regard vague, fixé sur le plafond. Lifar le fit descendre l'escalier en le soutenant par le bras. Il n'ouvrit la bouche que pour s'écrier : « Faites attention ! »

Puis on n'entendit plus un mot de lui. Il s'était retiré dans son armure et désintéressé du monde extérieur. À l'Opéra, Diaghilev le conduisit dans sa loge. Le premier ballet était commencé. Nijinski jeta un œil absent sur le parterre et la scène. Le bruit se répandit bientôt que le grand danseur était dans la salle. Des admirateurs tentèrent alors de le faire parler. En vain. Il se contentait de sourire.

Au cours du second entracte, avant *Petrouchka*, on le conduisit sur le plateau pour le photographier avec Karsavina, Lifar et Diaghilev. En voyant l'appareil, Nijinski parut se ressaisir un instant et prit une pose de vedette.

Pendant le spectacle de *Petrouchka*, le visage de Nijinski retrouva des couleurs, il semblait, comme le dit Diaghilev, de nouveau « respirer le feu », comme jadis. Mais ce ne fut qu'une illusion, la flamme s'éteignit vite.

Après cet ultime rendez-vous, le directeur des Ballets russes commença lui-même à diminuer. Certes, le diabète le rongeait, mais il donnait l'impression d'avoir perdu le goût de la vie.

Durant les deux dernières années de son existence, Diaghilev se prit d'une passion pour les livres rares, et ce parfois au détriment des ballets. Son état de santé s'aggrava brusquement pendant un séjour à Venise, au cours de l'été 1929.

Lifar soigna son amant, le consola, tenta de faire « renaître son envie de vivre ». Il le fit même chanter la *Pathétique* de son cher

Tchaïkovski puis parler de ses années de jeunesse, de ses tournées à l'étranger, de ses succès, de ses revers.

Un jour, au moment du déjeuner, Diaghilev demanda qu'on le changeât de lit dans la chambre. Lifar, pour qui un changement de lit annonçait la fin proche, s'y opposa, affolé. Le malade, touché par tant de sollicitude, conseilla à Lifar et à Kochno d'aller se restaurer. Mais, pendant le repas, un groom apporta un message griffonné de sa main tremblante : « Dites au médecin que mon pouls est terriblement irrégulier. » Ils rentrèrent aussitôt et se précipitèrent dans la chambre. Diaghilev était à terre respirant à peine. Ayant voulu se lever, il avait perdu l'équilibre, et était tombé sans parvenir à regagner son lit, ni même à appeler le domestique. À la suite de cet épisode, Chanel et Missia Sert arrivèrent précipitamment à Venise sur le yacht du duc de Westminster, après avoir reçu un radiogramme en provenance de Venise : « Suis malade. Venez vite. Serge. »

Elles lui tinrent compagnie pendant près d'une heure, puis repartirent. Inquiètes pourtant, elles revinrent deux jours plus tard et furent frappées du changement qui s'était opéré entretemps. Comme le mentionna Lifar : « On eût dit que la mort avait déjà touché le visage du malade hagard et baigné de sueur. »

Les deux femmes s'empressèrent de faire venir les médecins de leur yacht, mais ceux-ci ne comprirent rien à l'état de Diaghilev, diagnostiquant des rhumatismes ou encore une fièvre typhoïde !

Dans la nuit du 18 au 19 août, on fit venir un prêtre de l'église orthodoxe grecque. Diaghilev était déjà dans le coma et ne remarquait plus ce qui se passait autour de lui. À deux heures son agonie commença.

Les deux derniers amants de Diaghilev étaient avec lui : Serge Lifar était assis près du lit, soutenant le mourant, Boris Kochno étant de l'autre, et Missia assise à ses pieds.

À l'aube du 19 août, vers 5 h 45, sa tête retomba doucement. C'était fini. À ce moment-là, les premiers rayons du soleil jaillirent de l'horizon, illuminant le visage du défunt sur lequel coulaient de grosses larmes. Il n'avait que cinquante-sept ans.

Soudain, le spectre de la jalousie se faufila entre Kochno et Lifar qui, ivres de chagrin, se mirent à se disputer rageusement le corps. Kochno se jeta sur Lifar qui était agenouillé de l'autre côté du lit. Ils roulèrent à terre et se mordirent comme des chiens.

Après cette scène à la fois tragique et surréaliste, Boris Kochno partit s'occuper des funérailles avec Missia Sert, Chanel et la baronne Erlanger. Lifar s'enferma seul avec le mort, ne laissant entrer personne avant d'avoir terminé sa toilette funéraire. Il lui croisa les bras et glissa, comme pendant leur première escapade amoureuse, un camélia à sa boutonnière. À ce moment-là un violent orage éclata. Des éclairs déchirèrent le ciel, suivis de grondements sourds et répétés. Cette tempête, fixée dans les Mémoires de Lifar, devint le symbole de son désarroi, de celui de l'artiste perdant son maître à penser.

Les gens qui pénétrèrent alors dans la chambre furent frappés par l'aspect jeune et beau du défunt. Boris Kochno et Serge Lifar veillèrent le corps toute la nuit.

Le lendemain matin, un cercueil fut amené à l'hôtel. On y déposa le défunt avec le petit crucifix que Missia Sert avait mis dans ses mains aussitôt après qu'il se fut éteint.

Le corps fut placé sur une grande gondole funèbre ornée d'anges aux ailes dorées et conduit à l'église grecque orthodoxe, puis vers le petit cimetière russe situé sur l'île de San Michele. Dans la première des trois gondoles du cortège se trouvaient Kochno et Lifar de nouveau réunis.

Comme l'avait prédit une vieille gitane à Saint-Pétersbourg, la mort avait effectivement fauché le tsar des Ballets russes sur l'eau… Quand la gondole arriva à l'île de San Michele, Kochno et Lifar traînèrent le cercueil à genoux jusqu'au tombeau, Lifar tenta même de se jeter dans la fosse.

Le spectacle fut donc digne du grand artiste qu'était Diaghilev.

LES HÉRITIERS

La troupe, qui n'existait que grâce au talent d'animateur de Diaghilev, se désagrégea. Serge Lifar et Boris Kochno tentèrent pendant quelques mois de maintenir la compagnie, mais ils n'y parvinrent pas, compte tenu de leur relations orageuses, et les intérêts personnels prirent vite le dessus. Pouvait-il cependant en être autrement ?

Les chorégraphes se disséminèrent. Bronislava Nijinska et Léonide Massine parcoururent l'Europe et les États-Unis, George Balanchine, après quelque temps en France, partit pour l'Amérique. Son génie lui permit de fonder le New York City Ballet et son école, et il créa un répertoire singulier, dansé dans le monde entier.

Serge Lifar s'établit à l'Opéra de Paris, prit sous son aile ses danseurs et en fit son port d'attache. Il mit son talent à la disposition de cette célèbre maison, comme autrefois Marius Petipa l'avait fait pour le théâtre Mariinski de Saint-Pétersbourg.

Toujours disponible, il fit entrer avec lui un grand vent de jeunesse et d'esprit créatif hérité de Diaghilev. Il fut pour Jacques Rouché, le directeur du théâtre, un irremplaçable collaborateur, transplantant plusieurs œuvres du répertoire des Ballets russes à l'Opéra.

Lifar cultiva intelligemment ses amitiés de l'époque de Diaghilev. Il allait être présent à chaque collection de Chanel. De son côté, après chaque première des ballets où dansait Lifar,

Chanel donnait un grand bal en son honneur, qui rivalisait pour le luxe avec ceux d'Étienne de Beaumont, dont Cocteau, Dali et le tout jeune décorateur Christian Bérard assuraient la décoration.

Boris Kochno s'installa lui aussi en France. Fondateur avec Balanchine des Ballets 33 – créés, comme leur nom l'indique, en 1933 –, artisan des Ballets Roland Petit, collectionneur avisé, homme de lettres et fin connaisseur du théâtre, il participa à maintes entreprises artistiques. L'essentiel de sa collection est entré dans le fonds de la bibliothèque-musée de l'Opéra, le reste fut vendu aux enchères.

Les Ballets russes étaient entrés dans la légende du XXe siècle.

Nijinski, Karsavina, Pavlova, Massine et tant d'autres y gagnèrent leur immortalité.

Mais que reste-t-il de Diaghilev lui-même ?

Les historiens d'art, les collectionneurs de peinture, sans avoir, pour certains, jamais vu un de ses spectacles, le tiennent pour un novateur de génie qui a fait jaillir parmi une génération d'artistes une sorte d'exaltation pour les ballets. D'ailleurs, les œuvres, les documents, la correspondance de ses collaborateurs se sont toujours arrachés.

Certains des héritiers utilisèrent le célèbre cachet « Ballets russes » pour former de nouvelles troupes et conserver le répertoire. Ainsi la compagnie du colonel de Basil se produisit-elle en Europe, aux États-Unis, en Australie et en Amérique latine, y compris à Cuba où elle jeta les fondements de la chorégraphie nationale.

Les Ballets russes de Monte-Carlo subsistèrent plus longtemps que toutes les autres troupes russes travaillant à l'étranger. Fondée en France, la compagnie s'établit en 1939 aux États-Unis où elle continua à se produire jusqu'au début des années soixante. Son répertoire comprenait plusieurs ballets de Michel Fokine et de Léonide Massine.

La période la plus créative dans l'histoire des héritiers des Ballets russes de Monte-Carlo fut liée à l'activité de deux artistes, Alexandra Danilova (étoile de la troupe de 1938 à 1952, partenaire du danseur britannique Frédéric Franklin) et Léonide Massine qui en fut, de 1938 à 1942, le chorégraphe principal. Ce dernier réalisa des spectacles en collaboration avec Salvador Dali, monta plusieurs « symphonies chorégraphiques » et signa quelques productions sur des thèmes américains. Bronislava Nijinska et George Balanchine y remontèrent ses meilleurs ballets et en créèrent de nouveaux au cours des années suivantes.

Le New York City Ballet fondé dans les années trente par George Balanchine et le Ballet Theatre, créé dans les années quarante sur la base du Mordkin Ballet, occupèrent une place primordiale dans la vie théâtrale des États-Unis.

Sans jamais devenir une troupe typiquement américaine, les Ballets russes de Monte-Carlo exerça néanmoins une influence considérable sur l'art chorégraphique du Nouveau Monde.

Animé d'abord par René Blum, puis par Serge Denham, cette compagnie fit découvrir au public américain le répertoire des Ballets russes. Ses danseurs, après la fin de leur carrière, créèrent des écoles dans différentes villes des États-Unis, contribuant ainsi à la formation de nombreux artistes américains.

Les troupes russes n'ont jamais perdu leur identité mais, tout en exerçant leur influence sur l'art chorégraphique de ces pays, s'imprégnèrent de leur culture. Au début de leur activité à l'étranger, de nombreux chorégraphes russes animèrent les compagnies de danse de différents théâtres.

La plus grande partie du répertoire des Ballets russes a aussi surpassé le temps et les modes. Et, chaque année, les compagnies de danse reprennent *Les Sylphides*, *Petrouchka*, *Le Spectre de la rose* et *L'Après-midi d'un faune*. *Le Sacre du printemps* a aussi retrouvé le Théâtre des Champs-Élysées, lieu mythique de sa création, et il est entré au répertoire du ballet de l'Opéra.

De la période Massine, seuls *Parade* et *Le Tricorne* furent programmés. En revanche, *Noces*, *Les Biches*, *Le Train bleu*, ont fait leur rentrée sur les scènes ces dernières années, tandis qu'*Apollon musagète* et *Le Fils prodigue* avaient toujours une place de choix dans le répertoire de Balanchine.

LES BALLETS ET LES SOVIETS

Le magnifique message de la créativité de Diaghilev demeura longtemps occulté dans son pays natal.

La révolution de février 1917 avait été accueillie avec enthousiasme dans les milieux artistiques, mais le coup d'État bolchevik d'Octobre les plongèrent dans le désarroi. Sur les scènes ex-impériales, les spectacles cessèrent pendant un certain temps. Au théâtre Mariinski comme au Bolchoï, beaucoup de danseurs récusèrent la collaboration avec les bolcheviks. Toutefois les artistes allaient vite se rendre compte que toute tentative de sauvegarder leur indépendance était vouée à l'échec.

Le gouvernement de Lénine pratiqua une subtile tactique à l'égard des théâtres. Essayant d'abord de séduire le milieu artistique, il finit par lui imposer un contrôle total du pouvoir soviétique. À la fin des années vingt, cette reconversion était achevée par Staline.

Les représentations reprirent en novembre 1917 à Moscou et en janvier 1918 à Petrograd. Les troupes de ballet continuaient à donner leurs spectacles malgré la guerre civile, mais le chaos régnant dans le pays ne permettait pas de maintenir leur niveau professionnel. Les danseurs ne mangeaient pas à leur faim et tombaient souvent malades.

Le Bolchoï et le Mariinski fonctionnaient dans une ambiance surréaliste. En hiver, les salles n'étaient pas chauffées et, si les spectateurs venaient en manteaux, chaussés de grosses bottes, les danseuses, en tutu ou tunique légère, avaient les mains et les pieds glacés.

Plus d'une fois les théâtres faillirent fermer leurs portes. De nombreux artistes réputés, et de jeunes danseurs de talent, préférèrent alors l'émigration et rejoignirent, comme Serge Lifar, la troupe de Diaghilev à Paris.

La saison 1918-1919 au théâtre Mariinski s'ouvrit sans Michel Fokine qui avait renoncé à la direction de la troupe. À peine nommé à cette fonction, Boris Romanov, un autre chorégraphe, partit pour la France en 1920 avec sa femme la ballerine Hélène Smirnova. Tamara Karsavina, Mathilda Kchessinskaïa, Olga Préobrajenskaïa, Nicolas Legat, Gueorgui Balanchivadze (George Balanchine) en firent autant.

Les premières années du pouvoir soviétique ont vu le ballet considéré comme un « archaïque héritage bourgeois marqué par l'inanité ». Mais, pour l'école du ballet russe, avec ses traditions académiques, une simple question de survie se posait. Tout en préservant le ballet classique, les chorégraphes des théâtres d'État se virent obligés de s'adapter au système soviétique. Les partisans du répertoire classique crurent de leur devoir de présenter au grand public les meilleures créations du XIXe siècle.

Les spectateurs abondèrent soudain dans les théâtres, ouvriers, soldats, matelots. Cependant, ce nouveau public ne parvenait pas à déchiffrer le langage conventionnel de la danse. On remplit la salle de prolétaires qui n'ont jamais vu un ballet et bâillaient en attendant que « les acteurs se mettent à parler ». Les théâtres cherchèrent alors à produire des spectacles divertissants, accordant plus d'importance à l'action. Ainsi le répertoire fut-il entièrement revu et les mises en scène remaniées.

Malgré les protestations des danseurs académiques, le Bolchoï modernisa des ballets emblématiques de Marius Petipa et en confia les rôles principaux aux jeunes danseuses proches du pouvoir.

L'ex-théâtre Mariinski, renommé Kirov, se montra beaucoup plus fidèle aux canons classiques en restaurant les chefs-d'œuvre de Marius Petipa.

Les autorités soviétiques se définissant comme « destructeurs du monde ancien » insistaient sur la nécessité de « révolutionner » le ballet, de trouver des formes qui « correspondraient à l'air du temps ».

Pendant ces années, la peinture, la musique et la poésie demeurèrent sous l'influence des futuristes qui rêvaient d'un art nouveau bâti sur les ruines de la civilisation bourgeoise. Animés par cet esprit, les metteurs en scène cherchèrent alors de nouvelles possibilités d'organisation de l'espace scénique, fondées sur des symboles et des allégories. La mégalomanie était évidemment de rigueur. À l'époque on montait des mouvements de masse et des « spectacles-apothéoses » qui représentaient la révolution prolétarienne comme un événement d'envergure cosmique, bilan ultime de l'histoire universelle.

Les premières tentatives d'appliquer les méthodes du théâtre de propagande à l'art chorégraphique étaient assez naïves. Les livrets créés dans les années vingt reposaient sur le principe des « représentations » symboliques et romantiques destinées à être montrées dans les groupements ouvriers. L'idée vint donc de « révolutionner » aussi les ballets classiques et, en 1924, il fut question à Petrograd d'un projet proposant de « remanier » *La Belle au bois dormant* pour en faire un spectacle moderne : *La Commune radieuse*, comportant trois scènes de jubilation populaire où le prince Désiré était remplacé par le chef des travailleurs qui, au dernier tableau, ouvrait en l'allumant avec un flambeau un cercueil rouge et mettait ainsi en liberté une Aurore enchaînée, l'Aurore de la Révolution mondiale.

Dans sa composition chorégraphique pour enfants *Les Fleurs immortelles* (1922), le maître de ballet Gorsky essaya de transformer le ballet-féerie en festivités révolutionnaires. Débutant en conte de fées le spectacle s'achevait en apothéose sur l'air de *L'Internationale* avec le soleil levant, la faucille et le marteau pour symboles révolutionnaires.

Les méthodes du « théâtre-meeting » allaient encore plus loin que l'esthétique de Gorsky qui oscillait entre impressionnisme et académisme. Pour régler un spectacle répondant à l'esprit du temps, il fallait changer le langage même de la danse. La recherche des formes nouvelles du ballet se poursuivait dans les nombreux studios, écoles, classes de danse et de rythmique dont certains avaient été fondés au début des années dix sous l'influence d'Isadora Duncan.

Dans les années vingt, leur nombre s'accrut subitement. Moscou, où ils étaient particulièrement nombreux, devint le centre d'un véritable mouvement chorégraphique. En 1921, venue en Russie soviétique sur l'invitation du gouvernement, Isadora Duncan ouvrit sa propre école. Selon elle, la danse était un moyen de former une personnalité libre, harmonieusement développée et créatrice, théories un peu fumeuses, proches des pensées utopiques des nouveaux intellectuels bolcheviks.

Dans les récitals qu'elle donnait avec ses élèves, elle interprétait *La Marche slave* et la *Symphonie pathétique* de Tchaïkovski, des danses sur l'air de *La Marseillaise* et de *L'Internationale*. Les adeptes de Duncan, les directeurs des studios de Moscou et de Petrograd, développaient en même temps une nouvelle chorégraphie alliant la plastique libre à la danse classique et folklorique, y incorporant des numéros de variété et de cirque.

Ce langage imagé futuriste s'avéra dans son ensemble étranger au ballet russe.

En revanche l'esthétique urbaniste du constructivisme apporta des éléments intéressants visant à donner au ballet un contenu moderne. De temps à autre, des nuances expressionnistes venaient colorer les spectacles. Les fondateurs du Studio Drambalet, considérant la danse comme l'un des moyens de développer le sujet dramatique en donnant la primauté à la pantomime psychologique, furent à l'origine de l'épanouissement du ballet dramatique (*drambalet*) des années trente et quarante.

Le constructivisme trouva son expression dans les *Danses des machines* montées pour la première fois sur une scène de variétés en 1922 et en 1923 à Moscou. Les artistes imitaient les mouvements des diverses pièces de machines-outils, tel un mécanisme bien huilé, présentant l'homme partie intégrante d'un processus industriel. Diaghilev, comme déjà évoqué, s'inspira de cette expérience avec son ballet *Le Pas d'acier*.

STALINE ET LE BOLCHOÏ

Après la mort de Lénine en 1924 Staline triomphant de ses adversaires politiques s'imposa comme l'homme fort de l'URSS. Il commença par organiser des funérailles grandioses à son prédécesseur en copiant les rites des empereurs romains. Cette cérémonie symbolisa le début d'un nouveau culte : Lénine, dieu mort, Staline devenait le dieu vivant, personnifiant le pouvoir suprême du système communiste.

À partir de 1928, l'emprise de Staline sur la vie soviétique devint totale. Ni les institutions légales de l'URSS, ni les statuts du Parti ou des grandes organisations sociales n'avaient d'importance réelle. Leur seul rôle était d'approuver, transmettre, appliquer les décisions du dictateur. Il pouvait en tout domaine choisir ses hommes, éloigner ceux dont la renommée lui portait ombrage, multiplier les ministères et prendre des décisions sans contrôle. Sa méthode de gouvernement reposait sur l'isolement, la méfiance, le mépris de toute forme légale. Apparaissant peu en public, vivant retiré dans sa datcha de Kountsevo, il ne sortait de son isolement que pour ses nombreuses escapades au Bolchoï qui était alors redevenu comme au temps des tsars un théâtre « impérial », symbole de la puissance du chef suprême du Kremlin.

La célèbre cantatrice Galina Vichnevskaïa, épouse du violoncelliste Mstislav Rostropovitch, se souvient de la panique que provoquait chez les artistes la visite du dictateur. Certes, celui-ci aimait les ballets, mais il leur préférait davantage l'ambiance du Bolchoï avec son décor pompeux et ses ors. En vrai empereur, il voulait être l'ami des artistes et leur protecteur. Et il comptait bien entrer dans l'histoire de l'art théâtral comme mécène.

Galina Vichnevskaïa, encore, a brossé ce portrait de Staline au Bolchoï : « Il parlait lentement, très peu, d'une voix faible. Chaque mot, chaque geste représentait une signification tout à fait singulière, un sens caché, mystérieux. »

En réalité, il parlait tout simplement ainsi car étant géorgien, il maîtrisait mal le russe. Mais en même temps, il savait calculer les effets scéniques de ce handicap en laissant planer des doutes sur le sens secret de son discours.

La *prima ballerina* Oulanova m'a raconté qu'il lui arrivait de donner des ordres pour le moins surprenants, ainsi demanda-t-il une fois au chef d'orchestre du Bolchoï « de jouer une œuvre sans bémol ». Le plus drôle est que les membres de son entourage avalèrent cette pilule surréaliste sans sourciller et le maestro Golovanov remercia le guide bien aimé pour la perspicacité de ses instructions !

Bien entendu, Staline eut aussi sa danseuse puis sa diva, Simionova et Davidova.

La procédure de séduction du dictateur était simple et rapide, comme me le confirma plus tard celui qui fut son chef de cabinet, Pomazniev. Généralement cela se passait lors des nombreuses réceptions données au Kremlin, où les vedettes du Bolchoï étaient souvent conviées. Un de ses gardes du corps dévoué abordait la malheureuse élue et lui signifiait ce qu'elle devait faire.

Il était alors difficile pour les artistes – question de survie – de refuser dès lors quoi que ce soit, non seulement au dictateur mais aussi aux membres de son entourage qui, petit à petit, transformèrent le Bolchoï en harem. Cela n'empêcha pas pour autant le dictateur, en cas de besoin, d'accuser ses meilleurs amis de déchéance morale, comme ce fut le cas dans les années trente pour l'inamovible secrétaire du Soviet suprême, Enoukidze.

Plusieurs ballerines du Bolchoï, toutes générations confondues, furent obligées de témoigner contre lui en l'accusant de les avoir forcées à avoir des rapports sexuels.

À l'époque, la terreur régnait, on arrêtait et tuait sans discrimination, en violation de la nouvelle Constitution qui proclamait les « droits de l'individu ». Staline, dans une folie destructrice, prépara en 1938 le grand procès du « bloc des droitiers et des trotskistes ». On convia les artistes du Bolchoï à assister aux nombreux procès des « ennemis du peuple » qui se déroulaient dans la capitale. Il fallait avoir des nerfs d'acier pour rester impassible devant tant d'accusations de crimes avoués publiquement. Les inculpés s'autocritiquaient avec une complaisance pitoyable. Des hommes soumis à la fatalité historique, ne sachant plus où étaient le vrai et le faux, le bon et le mauvais. Des hommes résignés qui ne possédaient plus ni volonté, ni liberté de jugement. L'irrationalité meurtrière avait atteint un point de non-retour et ils s'attendaient d'un jour à l'autre à être broyés dans cette infernale machine.

Dans cette ambiance digne de la cour d'Ivan le Terrible, toute diversité de forme et de style artistique fut rejetée ; toute initiative individuelle devait désormais être abolie.

Au début des années trente, les arts soviétiques furent soumis par Staline à un seul et unique principe, le réalisme socialiste, qui imposait, pour utiliser sa langue de bois fumeuse, « une représentation vraie, historiquement concrète de la réalité prise dans son développement révolutionnaire ».

Après une période de recherches et d'innovations, le ballet soviétique des années trente s'orienta progressivement vers le spectacle à thèmes, représentant une danse théâtralisée. Le régime de Staline voulant rendre l'art accessible à un large public manquant souvent de formation esthétique obligea les maîtres de ballet à se tourner vers des formes de plus en plus simples. Cette tendance aboutit à la prédominance de ce qu'on appelait le « ballet dramatique », grand spectacle en plusieurs actes, généralement inspiré par une œuvre littéraire connue et bâti selon les principes d'une pièce de théâtre. Le thème principal se ramenait invariablement au conflit entre l'individu et son milieu social dominé par des motivations idéologiques.

La France n'était pas étrangère à cette évolution de l'art chorégraphique des années trente puisque le ballet emblématique de l'époque était *Les Flammes de Paris*, consacré à la Révolution française (d'après le roman *Les Rouges du Midi* de l'écrivain provençal Félix Gras, très populaire en Russie soviétique). Il se ressentait de l'esthétique du grand spectacle de la décennie précédente et mettait en vedette la foule comme élément révolutionnaire. Le spectacle atteignait son comble au troisième acte avec des danses de caractère : des danses auvergnates, lentes et douces, puis basques, fougueuses et extatiques, jusqu'à une carmagnole grandiose entraînant l'ensemble des danseurs.

Au milieu des années cinquante, un changement radical allait s'opérer dans la vie sociale et culturelle du pays.

LE DÉGEL

En 1953, Nikita Khrouchtchev sortit triomphant de l'épreuve de force pour succéder au dictateur. Trois ans plus tard, le nouveau dirigeant du Kremlin dénonçait publiquement celui qui avait opprimé le pays pendant une trentaine d'années.

Sa démarche allait cependant être marquée par de profondes contradictions. Car, si d'une part, le 14 février 1956 au cours d'une séance à huis clos du XXe congrès du Parti communiste il projeta la lumière sur les crimes de Staline, il entreprit d'autre part de sauvegarder l'héritage essentiel du dictateur en faisant perdurer la domination du Parti et du KGB avec ses méthodes occultes.

Mais pouvait-il en être autrement alors que Khrouchtchev fut, dès 1934, secrétaire du Comité central et premier secrétaire du Parti à Moscou, un serviteur zélé de Staline qui, comme tous les dirigeants de cette époque, envoya de nombreuses personnes au goulag ?

Il a également renforcé la clef de voûte du système, la nomenclature et ses privilèges, cette corporation fermée des hauts dirigeants et du KGB. Il faut reconnaître qu'un groupe d'artistes collaborant avec le régime faisait aussi partie de cette fraternité sélective et de plus en plus sclérosée. Comme sous Staline, Khrouchtchev s'appuya sur un département du Comité central portant le tire anodin d'Administration des affaires, qui s'occupait en réalité de gérer des fonds secrets et mettait à la disposition des privilégiés d'innombrables datchas de luxe, appartements, maisons de repos spéciales, etc. Les membres de cette corporation profitaient de multiples avantages attachés à leurs fonctions : luxueuses « cantines », logements de fonction, personnel domestique, limousines. Les artistes en vue, eux, pouvaient même acheter des voitures de fabrication étrangère à titre exceptionnel.

Ce système dura jusqu'à Gorbatchev, même sa perestroïka n'osa pas y toucher.

Khrouchtchev avait aussi ses artistes privilégiés et ceux appartenant au monde du ballet étaient considérés comme une sorte de vitrine du régime. L'URSS, jusqu'alors isolée par le rideau de fer, commença à s'ouvrir au reste du monde en développant les échanges culturels avec les pays de l'Ouest. Et le ballet du Bolchoï remporta un succès éclatant dès la première tournée qu'il effectua à l'étranger, en Grande-Bretagne en 1956.

Pour la première fois depuis les triomphes de la troupe de Diaghilev, la capitale britannique acclamait à nouveau l'art des danseurs russes. La presse anglaise alla jusqu'à déclarer que les Russes « avaient ce dont les autres étaient dépourvus : la *bella danza* ».

Galina Oulanova fut magnifique dans le rôle de Giselle. Elle se distingua également dans celui de Juliette en faisant ressortir toutes les facettes psychologiques de son personnage.

Les critiques anglais écrivirent que les Russes avaient porté ce ballet au niveau de la grande tragédie de Shakespeare. Grâce à *Roméo et Juliette*, les meilleures traditions russes laissèrent leur empreinte dans l'art chorégraphique occidental.

À cette même époque, des artistes étrangers se produisirent pour la première fois en Union soviétique. Cette possibilité de connaître l'art des grands danseurs et chorégraphes internationaux était d'autant plus opportune qu'un authentique renouveau culturel s'amorçait dans le pays. L'intelligentsia appela cette période le « dégel » (par opposition à l'« hiver » du totalitarisme stalinien).

Après de nombreuses années de diktat de Staline, il devenait enfin possible d'évoquer une certaine diversité des courants esthétiques. La vie artistique ne s'était cependant pas débarrassée de l'influence idéologique. Et le cinquième département du KGB chargé de la lutte contre la diversion idéologique contrôlait étroitement les divers aspects de la vie artistique. Toujours dans les années soixante, l'ambassadeur de France à Moscou, Maurice Dejan, fut piégé par un lieutenant du KGB au charme fou qui se faisait passer pour une ballerine du Bolchoï.

LA DANSEUSE, KENNEDY ET LE KGB

Le destin de la plus grande ballerine de l'époque, Maya Plissetskaïa, montre toute l'ambiguïté de la condition humaine des artistes reconnus en URSS.

Sa première gloire remonte à 1945, alors qu'elle était âgée de dix-neuf ans. La jeune danseuse fut remarquée par le public au cours d'une représentation de *Cendrillon*, grâce à ses sauts prodigieux et sa présence expressive. Le même effet détermina souvent les rôles du répertoire classique qu'elle interpréta dans les années cinquante et soixante, notamment *Don Quichotte* et *Raymonda* ou encore *La Mort du cygne*, devenu le symbole de son art (et sans doute un clin d'œil par rapport au destin des artistes soviétiques), qu'elle dansa dès 1942 dans la plus pure tradition de l'école romantique russe. Cependant le meilleur personnage créé par Maya Plissetskaïa au Bolchoï fut Carmen.

Plissetskaïa prit le titre de *prima ballerina* après la retraite d'Oulanova. Elle réussit brillamment un véritable exercice en filigrane entre le conformisme et l'innovation. Si ses idées nouvelles ne furent pas toutes couronnées de succès, il faut cependant la glorifier d'avoir choisi une approche indépendante. Le répertoire de cette grande ballerine comprend également des rôles qu'elle a interprétés dans plusieurs compagnies étrangères, notamment avec Maurice Béjart.

Cette formidable notoriété n'empêcha pas pour autant les services secrets soviétiques d'essayer de la manipuler. Cette tentative remonte aux années 1965-1966, quand le sénateur américain Robert Kennedy devint un fervent admirateur de l'étoile du Bolchoï en tournée aux États-Unis.

Maya Plissetskaïa raconta quelle méthode employa le KGB. Le 20 novembre, jour de son anniversaire, approchait (c'était également celui du sénateur). Elle ne comprit pas tout de suite pourquoi le directeur du Bolchoï lui manifesta soudainement un intérêt paternel :

– Qu'allez-vous offrir à Robert Kennedy pour son anniversaire ?

D'un ton mielleux le fonctionnaire poursuivit :

– Vous savez, à ce propos, nous avons apporté un samovar ornementé pour l'un de nos camarades à l'occasion de son anniversaire, mais nous pensons qu'il vaudrait mieux vous le remettre à vous...

Pour Robert Kennedy.

– Nous trouverons autre chose pour notre camarade. Rédigez une lettre de félicitations amicale à votre « jumeau » Robert, en russe ; nous la traduirons et la remettrons au ministre avec le samovar exactement le 20. Il sera très heureux. Il l'admirera. C'est un samovar de collection.

– Il est très grand ?

– Il n'est pas petit, ce n'est pas de la pacotille, un véritable bijou bien ornementé.

Mais, racontera la ballerine dans ses Mémoires, « le samovar était gigantesque, de la taille d'un enfant » !

Guidée par son intuition, Maya refusa cet offre sachant pertinemment que les services secrets soviétiques, dont la spécialité était de mettre des micros partout, n'avaient certainement pas hésité à en introduire dans les robinets du samovar.

Tout en regrettant que leur présent n'ait pas fait l'affaire, les « admirateurs des ballets soviétiques » du KGB se chargèrent tout de même de transmettre un message d'amitié de la part de la danseuse à Robert Kennedy.

Après le retour de la troupe à Moscou, le KGB continua à suivre de près les signes d'amitié entre la danseuse soviétique et le candidat favori à la présidence des États-Unis.

Quelques mois plus tard, la ballerine fut convoquée par le directeur de la tournée avant qu'elle ne reparte pour New York.

« Je vous présente Mikhaïl Vladimirovitch, il sera l'un de mes adjoints pour la tournée », déclara-t-il.

Évidemment, Mikhaïl Vladimirovitch avait aussi un nom de famille, mais il agissait dans l'ombre. On l'appelait donc par son prénom, avec tout le respect dû à un représentant du KGB.

Les artistes finissaient par confondre ces officiers quasi anonymes tant ils étaient nombreux dans les coulisses du Bolchoï et davantage encore pendant les tournées à l'étranger.

Après un longue silence l'« officier traitant » ouvrit enfin la bouche :

« Je vous ai vue hier dans *La Belle au bois dormant*. Quelle merveilleuse artiste vous êtes ! »

S'étant répandu en compliments, il vint droit au but. L'expression de son visage trahissait déjà ses intentions.

« J'ai feuilleté l'encyclopédie, et je suis tombé sur une extraordinaire coïncidence. Le sénateur Kennedy est né le même jour que vous : deux personnalités aussi marquantes... » Il se déclara ensuite prêt à « contribuer à l'amitié » entre ce dernier et Maya Plissetskaïa. Tout ceci était cousu de fil blanc. Mais Robert Kennedy était la cible du KGB, il fallait donc tout essayer...

Le KGB délégua au Bolchoï des personnes différentes. Certaines, efficaces et intelligentes, furent acceptées par la troupe. Généralement, elles terminaient mal : soit éliminées par leurs patrons pour leurs « mollesse », soit à cause de leurs aventures avec des ballerines.

Les vétérans du KGB se vantent souvent d'avoir assuré une habile pénétration dans le milieu artistique. Dans ses Mémoires, le général Soudoplatov, par exemple, raconte comment, dès les années trente, sa femme, officier traitant de nombreux artistes, assura leur collaboration avec les services secrets soviétiques. « Il ne faut surtout pas qu'ils se considèrent comme des agents », répétait ce maître chevronné de l'espionnage et de l'assassinat politique.

En réalité les agents du KGB n'étaient pas si habiles que cela, comme le montre cette scène typique que chaque diplomate a connue dans sa carrière. Maya Plissetskaïa se trouvait à une réception à l'ambassade soviétique aux États-Unis.

À peine entré, Bob Kennedy s'élança vers elle. Ils s'embrassèrent et commencèrent à bavarder.

À leur côté, un homme du KGB planté comme une statue tentait d'écouter la conversation.

Kennedy le dévisagea :

– Qu'est-ce que c'est que ce spécimen muet ?

Non, vraiment, le KGB exagérait quand même. C'était cela qu'ils appelaient contribuer à l'« amitié » ?

Bob proposa à la danseuse de passer la prendre au Gouverneur Clinton après la répétition pour « lui montrer New York ».

Puis il porta un toast :

« À l'art. À Maya Plissetskaïa, grande ballerine qui peut faire plus que les diplomates. »

Ils rapprochèrent alors leurs verres pour les faire chanter.

Afin de ne pas en perdre une miette, l'entremetteur du KGB fit un geste maladroit et renversa son champagne sur la robe de la danseuse qui dut se changer et arriva en retard à son rendez-vous.

L'agent du KGB dut se pencher jusqu'à la taille à une fenêtre de l'hôtel pour voir le sénateur accueillir son invitée avec un bouquet de tulipes. Ensuite, il changea de poste et fit les cent pas devant les portes vitrées de l'hôtel : « on dirait que les affaires vont bien », semblait exprimer la fente de ses paupières trahissant sa satisfaction.

Le sénateur et la danseuse se promenèrent dans NewYork ensemble, et furent reconnus par les passants. À la suite de cette rencontre ils se virent plusieurs fois jusqu'à ce que la mort du sénateur mette fin à cette amitié.

La ballerine mentionna plus tard que cette surveillance permanente du KGB avait de toute façon bloqué le développement de leurs relations : « Le zèle des hommes de l'ombre ferait fuir non seulement un sénateur de l'État de New York, mais encore le dernier des portiers d'hôtel… »

Le cinquième département du KGB supervisait donc de près les grandes compagnies comme le Bolchoï ou le Kirov (plus de

250 artistes), alors entièrement subventionnées par l'État, sans prêter attention à leur tendance à monter des ballets exigeant des dépenses matérielles faramineuses et de multiples répétitions. Pourtant, cette pratique était de loin plus « subversive » que les amourettes des ballerines car elle empêchait le renouvellement fréquent du répertoire. Les danseurs étaient obligés d'attendre longtemps de nouveaux rôles et de suivre le style d'un seul maître, ce qui faisait naître chez eux, dont la carrière est généralement très brève, un sentiment de frustration.

En 1961, à la suite d'une dispute provoquée par la direction du théâtre, Rudolf Noureev prit le parti de rester à Paris. Son exemple fut suivit par Natalia Makarova, Mikhaïl Barychnikov, Alexandre Godounov et d'autres danseurs. Une telle décision était considérée alors comme un acte de trahison avec toutes les conséquences qui en découlaient : rupture totale avec la famille, dépossession de la citoyenneté soviétique interdisant tout retour au pays.

Maya Plissetskaïa, elle, choisit une autre voie, elle resta en URSS et n'embrassa la carrière de chorégraphe à l'étranger qu'à l'époque de la perestroïka, faisant ressortir dans ses ballets le génie tragique des chefs-d'œuvre de Tolstoï et de Tchekhov.

UNE SOIRÉE AVEC NOUREEV

À cette époque, j'étais diplomate, représentant du courant gorbatchévien à Paris. En 1987, l'architecte de la perestroïka, Alexandre Yakovlev, lança un appel à l'intelligentsia, entamant ainsi la politique de glasnost (transparence). Se redéfinissant au nom de la morale d'avant la Révolution, l'intelligentsia insista donc de nouveau sur sa responsabilité éthique. Les dissidents se virent alors reconnus ; Andreï Sakharov fut autorisé à quitter son exil de Gorki, les prisonniers politiques furent libérés des camps et des hôpitaux psychiatriques, Alexandre Soljenitsyne fut réhabilité et publié, les émigrés autorisés à rentrer en URSS.

Sur cette toile de fond, Yakovlev me chargea de rencontrer le plus célèbre des artistes dissidents, Rudolf Noureev, qui dirigeait alors la troupe de ballet de l'Opéra de Paris[1]. Notre rendez-vous fut arrangé par un ami commun, André Tomaso, en son appartement de la rue Raynouard dans le XVIe arrondissement, en présence du directeur de l'Opéra, Raymond Soubie.

1. Du côté français, François Léotard, le ministre de la Culture de l'époque, a chargé Raymond Soubie et André Tomaso de voir Rudolf Noureev pour le questionner à propos de son retour en URSS. Ce dernier a donné le feu vert pour qu'André Tomaso effectue les démarches discrètes auprès de l'ambassade soviétique, dans lesquelles le chargé d'affaire Oleg Krivonogov a joué un rôle loyal et efficace.

Durant cette longue soirée copieusement arrosée au vin, nous refîmes le monde. Noureev me questionna sur Gorbatchev et les aléas de ses réformes, puis parla de sa carrière artistique en Occident. Furent évoqués sa représentation au Kirov et surtout son retour à Oufa, sa ville natale où il devait revoir sa mère. La soirée s'étendit ainsi jusqu'à l'aube. Lorsque nous sortîmes, la pleine lune éclairait la rue déserte, figée comme dans une attente curieuse.

Soudain – je n'oublierai jamais cet instant – je l'ai vu bondir dans la lumière en un de ses fameux sauts insolents qui avait subjugué Paris. Chacun de nous le regarda bouche bée, comme un feu d'artifice. Peut-être dansa-t-il cinq minutes au maximum, mais le temps n'avait plus d'importance.

Avant de partir, un peu essoufflé, Noureev dit avec un sourire malicieux : « Vous comprenez d'où vient cette force ? N'oubliez pas que je suis l'héritier de Diaghilev ! »

Il était en effet le digne héritier de la tradition des Ballets russes.

Venu de Russie comme naguère Diaghilev, il fut un des plus grands danseurs de la fin du XXe siècle. Comme Nijinski, il s'imposa en assumant la dimension érotique de son art, tant à travers la danse que la chorégraphie.

Comme Massine il sut surmonter les lacunes de sa technique grâce à sa magnétique présence sur scène. Comme Lifar il dirigea les ballets de l'Opéra de Paris en s'appuyant sur les traditions chorégraphiques russes.

Durant cette soirée, Noureev se déclara persuadé que son extraordinaire destin avait été déterminé par les conditions de sa venue au monde. Il était né dans un train, à l'approche d'une petite gare, près d'Irkoutsk en Sibérie orientale, une bourgade perdue dans la taïga au milieu des plaines et des forêts. Quelques dizaines de maisons construites avec des troncs d'arbres, selon l'ancestrale tradition russe, y entouraient une église de bois semblable à toutes celles dont les coupoles surplombent ce rude pays depuis des siècles. La neige s'y accumulait au fil des mois.

Noureev avait attribué à ce concours de circonstances une importance symbolique : « C'est pour cette raison, me dit-il, que je suis devenu un vagabond et que j'ai pu bénéficier de la force de caractère sibérienne. »

Ce fut à l'âge de cinq ans qu'il assista pour la première fois à une représentation de ballet. Chacun de nous se souvient de l'instant magique de sa première rencontre avec la danse.

Sur la scène la lueur pâle de la lune éclairait le palais de Cendrillon. Quand les douze coups de minuit sonnèrent, le plus charmant des princes fit son entrée. Le petit garçon en fut tellement ébloui qu'il décida de devenir danseur.

Initié au ballet dans un studio d'artistes amateurs, Rudolf participa d'abord aux représentations du tout petit opéra provincial d'Oufa. Il débuta finalement assez tard. Ce délai s'explique par les aléas de l'époque, puisqu'il était né en 1938. La plus grande partie de son enfance avait été touchée par les années de privations résultant de l'entrée en guerre de l'Union soviétique. Et les occasions pour lui de trouver un débouché s'étaient avérées rares. En outre, son père était réticent à l'idée qu'il embrasse la carrière de danseur. Mais il était trop tard. Rudolf avait déjà commencé à prendre des leçons de danse, surtout de danse folklorique russe. Tout en s'arrangeant pour monter sur scène comme extra, il eut même le toupet de donner des cours de danse dans un immeuble voisin pour gagner un peu d'argent.

Ce fut à l'âge de dix-sept ans, en 1955, qu'il franchit l'étape décisive vers son envolée. Il montra de telles aptitudes que ses professeurs le recommandèrent à l'Académie Vaganova, attachée au théâtre Kirov de Leningrad. Cependant, son assiduité allait être récompensée plus tôt que prévu. La compagnie d'Oufa se rendit à Moscou où devait se dérouler un festival. Après cinq minutes de répétition seulement, un soliste se blessa. Aussi le jeune Rudolf fut-il appelé à le remplacer pour un difficile solo.

Enhardi par cette aventure, il se mit en tête de suivre les cours d'Assaf Messerer, le plus éminent des professeurs du Bolchoï. Mais il fut instamment prié de passer un examen en vue de son entrée à l'école du théâtre. Il y fut d'ailleurs accepté. Pourtant, il déclina l'offre, pour des raisons pratiques. Il n'avait en effet pas de possibilité de se loger à Moscou. Alors il prit un aller simple pour Leningrad où il passa son examen d'entrée à l'école du Kirov en août 1955.

Quelle ne fut pas sa déception d'être reçu à une position inférieure à celle offerte par Moscou. Considérant qu'il n'aurait pas le temps de se qualifier au sein de la compagnie avant d'être appelé sous les drapeaux, il manifesta son mécontentement. S'il parvint à faire triompher son point de vue, il fut désormais noté comme un élève difficile tendant à n'agir qu'à sa guise. Fort heureusement pour lui, il trouva à l'école chorégraphique de Leningrad non seulement un grand professeur mais aussi une sorte de mentor à la Diaghilev, Alexandre Pouchkine (homonyme du poète).

Durant son année de terminale, il put danser des premiers rôles avec l'étoile du théâtre, Alla Sizova, qui allait devenir, malgré l'incompatibilité de leurs caractères et leurs disputes perpétuelles, sa partenaire attitrée.

En juin 1958, la chance l'accompagna de nouveau. Lors d'un concours à Moscou, il interpréta trois solos dont l'un fut bissé. On lui proposa alors des contrats dans la capitale, mais il préféra rester à Leningrad, espérant y gagner une plus grande liberté artistique (ce qui d'ailleurs allait devenir une sorte d'obsession pour le jeune danseur).

À cette époque, il eut enfin la possibilité de découvrir l'Occident en se rendant en Autriche, pays neutre, au Festival de la Jeunesse de Vienne.

Son esprit indépendant continua cependant de lui attirer des critiques et même des avertissements. Ainsi fut-il expédié en tournée subalterne en Allemagne de l'Est – avec un cirque – pendant que sa compagnie entreprenait une tournée prestigieuse à travers l'URSS.

L'élève Noureev faisait pourtant preuve d'un talent exceptionnel. Pendant ses trois saisons au Mariinski, il interpréta une série de rôles révélant sa virtuosité technique et son don de comédien, notamment dans les rôles du Prince désiré et de l'Oiseau bleu de *La Belle au bois dormant* ou encore dans celui de Basile de *Don Quichotte.* Danseur d'exception il n'en était pas moins un jeune homme extrêmement intelligent et volontaire. Certes, il comptait bien devenir une vedette internationale, mais pour l'heure il lui fallait surmonter ses états d'âme et jouer tant bien que mal le jeu habituel des artistes soviétiques : plier mais ne pas céder. Cette loyauté fictive leur assurait un logement décent et leur permettait d'espérer voyager à l'étranger. En échange, il leur fallait accepter les contrôles du Parti qui cherchait constamment à s'assurer que « leur art n'avait rien de subversif » ou de « décadent ».

Il fallait donc bien s'accommoder pour sauver les apparences, d'autant qu'après la mort de Staline, les échanges culturels, comme nous l'avons vu, s'étaient développés. Le Bolchoï s'étant rendu à Paris en 1954 et en Amérique en 1956, il y avait de fortes chances que le Kirov suive ses traces...

Rien d'étonnant si, dans ce contexte, Rudolf s'intéressait aux compagnies de danse étrangères, et particulièrement au Royal Ballet de Londres, la meilleure troupe classique occidentale dont il connaissait non seulement les noms des principaux danseurs mais également ceux de la plupart des artistes du corps de ballet.

Ce fut au mois de septembre 1960 que Noureev vit pour la première fois le Danois Eric Bruhn, venu danser à Moscou avec l'American Ballet Theater. Il considérait Bruhn comme le plus grand (opinion qu'il conserva d'ailleurs toujours malgré sa propre popularité). Cette étoile internationale était, selon lui, la seule personne apte à faire évoluer son art.

Seulement cet intérêt pour les étrangers n'était guère du goût des autorités et Rudolf ne tarda pas à essuyer des signes d'hostilité de la part du directeur artistique du Kirov, Sergeev, qui le trouvait « prétentieux et politiquement faillible ».

Ce fut aussi cette année-là que le danseur commença à prendre des cours privés d'anglais. Ses progrès rapides lui permirent d'ailleurs bientôt de donner des entretiens aux journalistes dans la langue de Shakespeare. Pour ses collègues, notamment l'ancien directeur artistique du Kirov, Vinogradov, cette maîtrise d'une langue étrangère avait une signification particulière : sans doute dès ce moment, l'idée de la défection hanta son imagination.

Noureev avait déjà entendu dire que la majorité des transfuges n'était ni des espions ni des militaires, mais des artistes ou des scientifiques. Ainsi l'année 1960 vit-elle six défections. L'hostilité des autorités à l'égard de Noureev se durcit d'ailleurs à cette période puisque le KGB projetait tout bonnement de lui interdire de quitter le territoire national. Le châtiment dépassait largement le « crime », qui résidait dans le simple fait de porter intérêt à la langue anglaise et aux compagnies de ballet étrangères.

Alors pourquoi Rudolf accompagna-t-il tout de même sa troupe à Paris en mai et juin 1961 ? Cette décision fut prise par l'omnipuissant Comité central du PCUS, suite aux démarches insistantes des organisateurs français de la tournée, intéressés par la présence de la jeune vedette de la danse soviétique. Ces organisateurs n'étaient autres que les Spectacles Lumbroso et son associée, la fameuse ALAP ou Agence littéraire et artistique parisienne, organisme très influent à Moscou du fait de ses liens personnels avec le Parti communiste français.

À Paris, le jeune artiste soviétique électrisa effectivement le public en dansant lors de la deuxième soirée des extraits de *La Bayadère*. Mais, comme me le raconta Fernand Lumbroso, l'organisateur de la tournée, dès la première réception qui eut lieu dans le foyer du palais Garnier, Rudolf s'entoura de nouveaux jeunes amis tels que la danseuse étoile Claire Motte, le jeune chorégraphe Pierre Lacotte et surtout une riche héritière d'origine chilienne fiancée au fils du ministre de la culture André Malraux, Clara Saint, qui jouera bientôt un rôle clef dans l'histoire de Noureev.

Fernand Lumbroso précisa que « deux Rudolf » s'étaient révélés durant cette tournée. Celui du jour, visitant les magasins et les lieux d'attraction touristiques habituels, et le noctambule. Quand les autres artistes rentraient chez eux sous l'œil vigilant de leur accompagnateur du KGB, Noureev faisait preuve d'une indépendance totale et visitait les boîtes de nuit à la mode en compagnie du gratin de la jeunesse parisienne. Peu lui importait d'être sans cesse surveillé, il n'en faisait qu'à sa tête. Tant et si bien que le KGB prit la décision de l'empêcher de poursuivre la tournée en Angleterre et de le renvoyer en URSS. Les services secrets soviétiques expliquèrent plus tard les raisons de ce durcissement dans un document constituant le dossier du procès de Noureev après sa défection qui eut lieu en novembre 1961.

Selon les déclarations de M. Karbopel, du premier département européen au ministère soviétique des Affaires étrangères, et d'un certain Nemchun, troisième secrétaire de l'ambassade soviétique à Paris (en réalité un collaborateur du KGB), Noureev aurait fait savoir à ses amis français qu'il ne voulait pas retourner en Union soviétique.

Suite à toutes ces informations et en conformité avec les instructions du ministère de la Culture d'URSS, l'ambassade soviétique stipula que Noureev devait être renvoyé à Moscou et mis au courant de cette décision uniquement le jour du départ de la troupe.

Le 16 juin 1961, à l'aéroport du Bourget, alors que la compagnie s'apprêtait à s'embarquer pour Londres, Rudolf apprit la nouvelle de la bouche du directeur artistique du Kirov.

« *Etoro ne mojet bit !* » (C'est impossible) protesta-t-il, répétant encore et encore « *Kak tak ?* » (Comment est-ce possible ?)

Envahi par une espèce d'instinct de survie, il demanda alors aux hommes du KGB l'autorisation de téléphoner à Clara Saint, ce qui lui fut accordé. À mots couverts, il réussit à faire comprendre la gravité de la situation à son amie qui accourut aussitôt au Bourget accompagnée de deux policiers français en civil. Rudolf était là, debout, tendu, ne sachant guère à quel saint se vouer, quand un éclair traversa son regard. Clara et les deux policiers se tenaient à quelques mètres de lui. Tout était encore possible.

Soudain, comme un diable jaillissant d'une boîte, il se propulsa en un saut fantastique derrière ses alliés. Amis, officiels, photographes, tous étaient éberlués.

Ce « saut vers la liberté » déchaîna la presse. Et Noureev d'entrer dans la légende sur les traces du poète Pasternak qui, trois ans auparavant, avait défié le Kremlin en se voyant attribuer le prix Nobel pour son roman *Le Docteur Jivago*.

Le danseur fut immédiatement amené dans un bureau du premier étage de l'aéroport où il demeura jusqu'à ce que la foule se disperse. Ensuite il se rendit place Beauvau afin de remplir les formalités nécessaires. Pour lui épargner les questions des journalistes, la police de l'aéroport le fit sortir par une porte de service. Pendant ce temps, Clara Saint donna son interprétation des événements à la presse.

Sur le chemin du ministère de l'Intérieur, Noureev eut des sueurs froides quand la voiture de police changea d'itinéraire. « L'ambassade soviétique ? » demanda-t-il, visiblement affolé. Mais l'agent de la DST le rassura : « Juste une simple précaution pour éviter les embouteillages. »

Le danseur passa environ deux heures place Beauvau, puis chercha à rejoindre Clara, mais les agents de la DST le dissuadèrent de se rendre chez elle. Le KGB avait d'ores et déjà pris soin de placer deux hommes devant son domicile.

Claire Motte, en tournée, n'était pas au Bourget ce jour-là. Elle regagna Paris le lendemain. Célibataire, elle habitait seule dans un atelier d'artiste au 31, boulevard Berthier. Aussi accueillit-elle le transfuge pour quelque temps. Rudolf resta enfermé pendant plusieurs jours. Elle raconta plus tard comment, pour sa première sortie, il s'était mis à quatre pattes à l'arrière de la voiture, car une auto des services secrets soviétiques les suivait.

Noureev dut retourner le lendemain au ministère pour obtenir son titre de voyage, son passeport n'étant évidemment plus valable.

Une nouvelle vie commençait pour le danseur.

De son côté, le KGB raconta toutes sortes de sornettes aux artistes du Kirov pour expliquer l'absence de leur camarade, le prétendant malade ou encore prétextant sa participation à un concert officiel à Moscou en présence de Khrouchtchev.

Même le directeur du Kirov, Sergeev, n'apprit la défection de Noureev qu'en arrivant à Londres.

Après cette soirée mémorable passée en compagnie de Rudolf Noureev rue Raynouard en automne 1987, je me suis donc occupé de son voyage à Oufa puis de sa tournée triomphale à Saint-Pétersbourg. Ceci me donna non seulement l'occasion de le voir régulièrement, mais également d'exhumer quelques pièces d'archives concernant son affaire et dont voici le document essentiel :

(Le lecteur me pardonnera de reproduire la langue de bois propre aux dépêches du KGB.)

« Rapport du KGB sur la trahison de R.Kh. Noureev, artiste de ballet. 19 juin 1961. Strictement confidentiel.

Au Comité central.

Je vous informe que le 16 juin 1961, à Paris, Rudolf Khamitovitch Noureev, né en 1938, célibataire, Tatar, sans parti, artiste de ballet au théâtre Kirov, a trahi la patrie lors d'une tournée en France.

Le 3 juin de cette année, des données sont parvenues de Paris selon lesquelles Noureev enfreignait les principes de conduite des citoyens soviétiques à l'étranger, partait seul dans la ville et rentrait tard le soir à l'hôtel. De plus, il a lié des contacts proches avec des artistes français, dont certains sont homosexuels. Bien qu'un entretien prophylactique d'avertissement ait été mené avec Noureev, il n'a en rien changé sa conduite.

Le KGB, en accord avec la commission des voyages à l'étranger du Comité central[1], a donné, le jour même, l'ordre à son Résident à Paris de faire rapatrier Noureev en URSS.

---

1. La commission des voyages à l'étranger auprès du Comité central a été mise en place à la suite d'une décision du Politburo en date du 26 mai 1959. Cette commission devait juger du bien-fondé des recommandations données à un prétendant à un voyage à l'étranger, prendre des mesures pour améliorer la composition des groupes de Soviétiques envoyés à l'étranger, mener des entretiens et conduire des stages pour les spécialistes envoyés en mission à l'étranger.

Le 8 juin de cette année le Résident du KGB à Paris nous a informés que Noureev avait mis un terme à ses sorties nocturnes et amélioré son comportement. En conséquence de quoi l'ambassadeur avait pris la décision de suspendre son rapatriement en URSS.

Le 16 juin de cette année, lors du départ de la troupe pour Londres, suite aux instructions du ministère des Affaires étrangères d'URSS et en accord avec la décision de la commission des voyages à l'étranger, l'ambassade a pris la décision de renvoyer Noureev en URSS.

Arrivé à l'aéroport, Noureev a refusé de regagner la Patrie. Il a fait appel à la police française et a demandé que lui soit accordée la possibilité de rester dans le pays. Immédiatement les policiers ont préparé une demande d'asile pour Noureev et lui ont demandé de la signer, ce qu'il a fait. Arrivé à l'aéroport, le consul soviétique eut une conversation avec Noureev, mais celui-ci n'a pas modifié son intention de trahir. L'ambassade d'URSS a émis à ce propos une protestation auprès du ministère français des Affaires étrangères.

Noureev laisse en URSS : à Oufa ; – son père : chef de la sécurité d'une usine ; mère : retraitée ; – trois sœurs : une vivant à Leningrad, les deux autres à Oufa.

Noureev se caractérise par son indiscipline, son manque de patience et un comportement grossier. Sur le plan de ses intentions politiques aucun matériel compromettant n'a été trouvé sur lui ou sur les membres de sa famille. Noureev s'était déjà rendu plusieurs fois à l'étranger.

Le président du KGB, A. Chelepine.

Ce document représente évidemment la version officielle de la défection de Noureev, selon laquelle ce geste aurait été purement improvisé et provoqué par la sottise de la direction du Kirov. Paradoxalement, toute sa vie le danseur accepta cette présentation des faits, ceci essentiellement pour protéger sa famille qui subit de nombreuses pressions après sa défection.

À travers cette interprétation des événements, chacun trouvait son intérêt : les apparatchiks soviétiques amoindrissaient ainsi l'importance politique de la décision prise par le danseur tandis que Noureev évitait aux siens, restés en URSS, le courroux de la machine de répression. En revanche, les résidents successifs du KGB à Paris avaient une tout autre vision de cette défection. Pour eux il était clair que le danseur était arrivé à Paris avec l'idée de passer à l'Ouest puisqu'il avait évoqué sa désertion avec plusieurs de ses interlocuteurs français. Selon le KGB, le danseur et chorégraphe Pierre Lacotte aurait conseillé avec insistance à Noureev de fuir l'URSS. Pendant la tournée parisienne, les agents soviétiques avaient suivi pas à pas les fréquentations du danseur et considéraient que le rôle principal dans cette affaire avait été tenu par Clara Saint, élément essentiel d'un piège monté par la CIA. D'autre part, ils attribuaient une certaine importance à Serge Lifar, lui-même d'origine russe, qui aurait laissé miroiter au danseur la perspective d'une collaboration.

En tout état de cause, même pendant la perestroïka les kagébistes parisiens ne manquèrent pas de dire à qui voulait l'entendre, que le danseur avait été « choisi » par la CIA comme candidat à la défection. Bref, s'appuyant également sur le fait que Noureev avait été jugé par contumace à Leningrad et accusé de haute trahison, les officiers du KGB étaient prêts à propager n'importe quelle thèse visant à freiner le processus de retour au pays du transfuge.

Ce procès avait eu lieu en automne 1961, bien sûr sous le contrôle du KGB. Certes, des témoins y avaient été admis, mais pas le public. Parmi les témoins présents se tenaient Pouchkine, ancien professeur et sans doute amant de Noureev, Sergeev, ancien directeur du Kirov, la danseuse Alla Ossipenko et plusieurs agents du KGB, notamment le lieutenant-colonel Strizevsky qui avait assuré la surveillance du danseur pendant la tournée parisienne.

Seul Pouchkine essaya de disculper son ancien élève en affirmant que le danseur avait vécu avec lui « comme membre de sa famille ». Il omit naturellement de mentionner le caractère de leurs rapports, car depuis l'époque de Staline l'homosexualité était considérée en URSS comme un crime passible de quinze ans de prison : « Ce garçon avait les nerfs à fleur de peau et était maladroit dans ses contacts mais il n'éprouvait aucune espèce d'intérêt pour la politique. S'il a décidé de rester à l'Ouest, ce fut dans un élan de passion. »

L'étoile du Kirov, Ossipenko, brossa un portrait beaucoup plus sévère : « Noureev ne respectait personne. Il traitait les gens de son entourage avec dédain ; un garçon fruste et mal élevé. Aucune autorité n'existait pour lui. C'était un danseur doué, plein de talent, mais il se croyait irremplaçable... En France, il a tout de suite manifesté son manque de discipline. Il avait pris l'habitude de sortir seul et de rentrer tard à l'hôtel... Et il avait des relations avec des homosexuels. »

Les représentants du KGB soulignèrent à leur tour que le danseur s'était plaint à des Français que le théâtre ne lui donnait pas de travail, et qu'il n'était pas libre de faire ce qu'il voulait.

Les jurés reconnurent non seulement Noureev coupable de trahison, mais ils réclamèrent également une lourde condamnation, de quatorze à vingt ans d'emprisonnement. Mais le juge en décida autrement, en ramenant la condamnation à six ou sept ans, avec l'assurance que, si Noureev rentrait au pays, son affaire serait rouverte et « réexaminée ».

Pourquoi cette clémence inhabituelle ? C'était simplement une manière d'adresser un signe à Noureev, pour lui faire savoir qu'en cas de retour, il pouvait espérer l'indulgence des autorités soviétiques.

Pendant ce temps, à Oufa, les parents de Rudolf étaient animés par des sentiments divergents face à l'attitude de leurs fils. Tandis que Farida, sa mère, s'inquiétait de sa situation matérielle en Occident, son père, lui, était plus préoccupé par les accusations portées par les gens de son entourage qui affirmaient que son fils portait un discrédit à son pays.

À la suite de sa défection, les proches du danseur lui téléphonèrent l'un après l'autre à Paris.

Il est étonnant de constater que tous lui demandèrent de rentrer en URSS, sachant pourtant pertinemment qu'il serait immédiatement envoyé au bagne. Ainsi sa sœur, Rezida, insista-t-elle particulièrement pour qu'il vienne sans tarder à Leningrad assister à son mariage. Rudolf eut bien du mal à lui expliquer les raisons de son refus et dit qu'il reviendrait « quand il aurait vu le monde entier ». À cela, elle rétorqua que, de toute manière, les Soviétiques essaieraient de le faire rentrer.

Selon Rezida, elle ne s'était pas adressée à lui sur la demande du KGB, mais de son propre chef, influencée par le matraquage de la propagande.

Mais Rudolf n'était pas dupe. D'ailleurs, dans son autobiographie, il précise que les autorités soviétiques avaient tout simplement « arrangé » ces conversations.

Cependant, le gouvernement soviétique n'entendait pas accepter aussi aisément la fuite du danseur et engagea une campagne d'intoxication dans la presse internationale pour discréditer le transfuge.

Même le prestigieux magazine Londresien *Dancing Times* commença alors un de ses éditoriaux en affirmant que la désertion de Noureev n'avait pas porté préjudice à la qualité des représentations du Kirov à Londres. La compagnie était si forte, disait-il, qu'elle pouvait aisément survivre à la perte d'un soliste comme Noureev qui n'était qu'un « danseur complètement désorienté, passé à l'Ouest d'une manière irréfléchie, à cause de l'adulation dont il avait fait l'objet à Paris et qui lui avait tourné la tête ».

Le Kremlin avertit aussi les autorités françaises que si Noureev était autorisé à danser à l'Opéra de Paris, les échanges culturels entre la France et l'Union soviétique seraient alors suspendus. Pour calmer les inquiétudes de Moscou, le directeur de l'Opéra, Serge Lifar, accorda même une interview au journal gouvernemental soviétique *Izvestia* dans laquelle il présentait Noureev comme un renégat et un opportuniste, qui allait bientôt tomber dans l'oubli. (Les autorités soviétiques réitérèrent leur menace de boycott culturel, vingt-deux ans plus tard, quand en 1983 Noureev fut nommé directeur de la troupe de ballet de l'Opéra de Paris.)

Au début, la vie du danseur en Occident était minutée et marquée par ces intimidations incessantes. Accompagné de deux gardes du corps (engagés par sa nouvelle compagnie, le Ballet du marquis de Cuevas), il se rendait directement au théâtre le matin, répétait, allait déjeuner dans le restaurant le plus proche, puis rentrait chez lui où il passait le reste de la journée.

Deux jours après son installation dans un appartement donnant sur les jardins du Luxembourg, des hommes du KGB furent placés en bas de l'immeuble. Le directeur de sa compagnie commença à recevoir des coups de téléphone anonymes l'accusant de « protéger le traître Noureev. » Quatre mois après sa fuite, une « journaliste » lui apporta trois missives arrivées par l'intermédiaire de l'ambassade soviétique à Paris dans une enveloppe énigmatique : de son père, de sa mère et de son professeur bien-aimé, Pouchkine.

Le danseur me raconta qu'il avait été « abasourdi ». C'était la première fois qu'il recevait des lettres de Russie. (Comme les coups de téléphone, cette mise en scène était naturellement destinée à le traumatiser.)

Rudolf ne prêta pas une attention particulière au télégramme de sa mère car il n'était pas certain qu'elle l'ait elle-même rédigé. Il lut ensuite la lettre de son père. Fidèle à lui-même, Hamet, sans pitié, accusait son fils d'avoir trahi sa terre natale, concluant qu'il n'y avait pas d'excuse à un tel crime.

Ce qui blessa le plus Rudolf fut la lettre désespérante de son professeur Pouchkine, décrivant Paris comme une ville décadente, dans laquelle il allait se corrompre et perdre non seulement la technique de la danse, mais aussi son âme. La seule chose qui lui restait à faire était « de rentrer en URSS immédiatement ». (Plus tard le KGB proposa à Pouchkine de se rendre à Paris afin qu'il essaie de convaincre Rudolf de rentrer au pays. Mais, le vieux professeur refusa : « Je ne pouvais rien dire de tout ceci à Noureev les yeux dans les yeux... »)

Après la défection de son fils, la polyarthrite de Farida s'aggrava, commençant à s'étendre à tout son corps. Le ministre de la Culture, Ekaterina Fourtseva, eut alors la lumineuse idée de se servir de cette aubaine comme appât. Elle proposa même d'envoyer Farida se faire soigner en France afin qu'elle ramène Rudolf. Le KGB, en définitive, s'opposa à ce projet, persuadé que le danseur retiendrait sa mère à Paris. Mais Farida et Rezida se rendirent tout de même à Moscou pour rencontrer Ekaterina Fourtseva au ministère de la Culture et lui brosser (bien entendu en présence des agents du KGB) un portrait personnalisé de Noureev toujours en vue de le faire rentrer en URSS.

La situation des parents du danseur à Oufa était psychologiquement très pénible. En particulier pour son père qui supportait mal cette atmosphère. En effet, jusqu'à sa mort prématurée à soixante et un ans, il eut à subir des pressions constantes de la cellule locale du Parti menant une campagne virulente contre « celui qui avait élevé un traître ». Certes, les autorités ne les empêchaient pas de travailler, mais ils vivaient dans un tel climat d'hostilité qu'ils furent contraints de déménager.

En automne 1962, un journal polonais rapporta dans un bref article que Noureev avait acheté une villa dans le sud de la France, sur les hauteurs de Monte-Carlo. L'article stipulait un prix de 1,2 million de dollars. Si l'achat était réel, le montant cité était faux – la villa lui ayant coûté 42 000 dollars, soit 300 000 francs français. En URSS, des amis transmirent le journal à la famille du danseur. Cette nouvelle marqua un changement d'attitude chez Farida. Jusqu'alors, elle avait sincèrement cru à la propagande soviétique et avait vécu dans la pensée que son unique fils risquait de souffrir de la pauvreté et même de mourir de faim. Mais, après avoir pris connaissance de cet article, la mère du danseur s'exclama : « Eh bien alors, qu'on le laisse vivre là-bas, au nom du ciel ! »

Au début de l'année 1963, Rudolf réussit à faire passer un message, invitant sa mère (mais pas son père) à venir le voir, mais les autorités ne voulurent pas la laisser partir. Elle se rendit alors au quartier général local du KGB afin d'étudier l'éventualité d'un voyage.

« Dites-lui de venir ici s'il vous manque, lui répondit-on, laissez-le venir lui-même. » Comprenant ce que les hommes du KGB avaient en tête, Farida, qui avait bien sûr entendu parler du verdict rendu par la cour de Leningrad, se fâcha : « Vous voulez vous servir de moi pour l'envoyer en prison, dit-elle. Eh bien je ne lui demanderai pas de venir. »

La Russie manqua-t-elle à Noureev ? Ses amis ? « Oui, j'ai beaucoup souffert… », m'a-t-il avoué en 1987. Et de déclarer à un journaliste : « Je ne retournerai jamais dans mon pays, mais je ne serai jamais heureux non plus dans le vôtre. »

Pourtant sa carrière artistique fut éblouissante. Au début de son séjour en Occident, il dansa avec le Grand Ballet du marquis de Cuevas, puis, à partir de 1962, avec le Royal Ballet de Londres. Son arrivée à l'Ouest donna d'ailleurs un sang nouveau au ballet occidental. Bien que la situation y fut satisfaisante, l'arrivée de Noureev eut sur la danse masculine un effet bénéfique.

Cependant, une rencontre allait bientôt auréoler son image.

Alors qu'elle dansait en Union soviétique, Margot Fonteyn, la *prima ballerina* indiscutée du Royal Ballet, apprit qu'un jeune danseur russe venait de passer le rideau de fer à l'occasion d'une tournée du Kirov à Paris : il s'agissait, lui dit-on, de leur meilleur jeune danseur. Ignorant l'importance que cette décision allait avoir pour sa propre carrière, qu'elle croyait à son crépuscule, Margot Fonteyn invita Noureev à danser à l'un des galas qu'elle organisait pour la Royal Academy de Londres. Si Rudolf parut très désireux de danser avec elle, elle ne partagea pas tout de suite son enthousiasme. Ainsi Rudolf fit-il son apparition à Londres dans un solo spécialement réglé par Ashton et dans le pas de deux du *Lac des cygnes*, en compagnie de Rosella Hightower.

Ninette de Valois engagea ensuite Noureev pour danser *Gisèle* à Covent Garden et demanda à Margot Fonteyn d'être sa partenaire. D'emblée, celle-ci, selon ses propres termes, répondit : «… cela ressemblerait à un mouton dansant avec un agneau. » Elle finit cependant par accepter, songeant que, si Noureev devait être la révélation de la saison, mieux valait l'accompagner ! Ainsi naquit une alliance sans doute unique dans l'histoire du ballet. Les noms conjoints de Margot Fonteyn et de Noureev devinrent alors l'image même de la danse pour le public. Noureev insuffla à la carrière de Margot et à son art une vie nouvelle. Ensemble, ils créèrent des œuvres telle *Marguerite et Armand* d'Ashton, une adaptation de *La Dame aux camélias.* Ils reprirent les représentations de classiques comme *Gisèle* qui dépassèrent de loin les réussites précédentes. Le sens artistique de Margot ne la trahit jamais et elle continua à se produire jusqu'à l'âge de soixante ans.

À l'instar de Rudolf, Margot n'avait qu'une passion, la danse. Nettement plus âgée que lui, elle était loyale et honnête. Noureev lui vouait d'ailleurs une adoration. Cette relation fervente combla peut-être un peu dans le cœur du transfuge l'absence de sa mère et de son cher professeur Pouchkine, laissés au pays.

Leur tendre amitié se scella avec *Marguerite et Armand*, dont les décors et les costumes étaient de Cecil Beaton. La première eut lieu le 12 mars 1963 avec Margot, Rudolf, Michael Somes et Leslie Edwards dans les rôles principaux. Deux heures environ avant le lever du rideau, Rudolf rendit visite à Margot dans sa loge et lui offrit un camélia blanc.

Cette fleur semblait symboliser pour elle « la grande simplicité de [leur] relation au milieu de tant de fureur ». Quand le rideau tomba, ce fut un tonnerre d'applaudissements, un déluge de fleurs. Tandis que les rappels se succédaient et que l'émotion était à son comble dans la salle, le couple ému échangea quelques mots discrets sur scène.

Margot dit à Rudolf : « Eh bien, est-ce que tu resteras une année de plus, bien que tu sois malheureux avec nous ? » Souriant au public, Rudolf répondit du bout des lèvres :

« Margot, tu sais que je ne serai jamais heureux nulle part. »

Que n'a-t-on raconté au sujet de leurs relations. Sans doute cet état d'esprit agit-il sur sa vie sentimentale. Comme l'explique elle-même Margot, « ces longues tournées, où cent soixante personnes vivaient et travaillaient ensemble pendant des semaines, favorisaient les rivalités aussi bien que les aventures amoureuses à l'intérieur de la compagnie ». « Comme j'aimais manifestement beaucoup Rudolf, et que je passais énormément de temps avec lui, nous faisions une proie facile pour les amateurs de scandale. Je me rendis compte qu'il n'y avait pas grand-chose à faire contre cela, sinon de ne pas répondre.

La vérité finirait par se savoir. Je travaillais beaucoup avec Rudolf, et sortais souvent avec lui. Mais, je ne le voyais rentrer chez lui que très rarement. Il disparaissait toujours dans la nuit, silhouette solitaire s'éloignant dans la perspective d'une rue déserte. Il y avait quelque chose de tragique dans ces départs après le tumulte joyeux et les rires du souper. Il en va souvent ainsi avec les gens du spectacle, qui paient leur passage sous les feux de la rampe en rentrant chez eux sous la pluie. »

Après les représentations, Noureev était toujours surexcité et tellement transporté qu'il n'était pas question pour lui de rentrer se coucher. Aussi, où qu'il se trouvât, il sortait, errant d'une boîte de nuit à une autre. Il aimait toujours le svelte et bel Erik Bruhn, mais passait maintenant beaucoup de temps sans lui. Rudolf était célèbre, en parfaite santé et séduisant, et trouvait plus d'une personne pour répondre à ses appétits. Aux États-Unis, s'il existait de nombreux endroits où l'on était bien moins libéral sur le plan sexuel qu'en Europe, ce n'était pas le cas pour les grandes villes où le Royal Ballet se produisait, bien au contraire. Durant cette première tournée américaine, Rudolf commença à faire l'expérience d'une promiscuité qui allait devenir un des aspects essentiels de sa vie privée dans les années suivantes. Quand il partait le soir pour aller « draguer », il avait peut-être l'air solitaire, mais il ne le restait pas longtemps…

Comme autrefois les grands danseurs de Diaghilev, Noureev devint chorégraphe et régla *La Tempête* pour le Royal Ballet de Londres, *Casse-Noisette* pour Stockholm, *Roméo et Juliette* pour le Londres Festival Ballet, *Manfred* pour l'Opéra de Paris. La plupart de ses chorégraphies furent reprises par d'autres troupes. Comme autrefois Lifar, il dirigea la troupe de ballet de l'Opéra de Paris, de 1983 à 1989.

En octobre 1992, la troupe du palais Garnier donna la première représentation de *La Bayadère*, chorégraphié par Noureev. À cette occasion, il fut promu chevalier des Arts et des Lettres.

Ce fut son ultime apparition en public.

Quelques jours auparavant, il m'avait dit :

« Adieu, maintenant, je vais rejoindre Diaghilev... »

EN ATTENDANT UN NOUVEAU DIAGHILEV

Au même moment éclata une crise profonde dans les ballets russes. Après l'effondrement de l'Empire soviétique, les lieux de spectacle disparurent les uns après les autres par les vertus de la privatisation ou parce qu'ils furent transformés en lieux de commerce ou de jeux.

La façade du Bolchoï fut certes ravalée, mais il n'y eut pas de renouvellement dans la compagnie. Il devint donc très difficile pour les danseurs et les chorégraphes d'œuvrer dans un théâtre complètement délabré. Les meilleurs artistes y travaillèrent dès lors au gré des engagements étrangers ou des contrats. Aucun directeur ne parvenait à faire respecter la moindre discipline. La même décadence toucha le Kirov de Saint-Pétersbourg, redevenu Mariinski. Son directeur fut inculpé pour avoir prélevé des fortunes sur les contrats de ses artistes à l'étranger (où le célèbre ballet donna plus de représentations qu'à Saint-Pétersbourg depuis le début des années quatre-vingt-dix).

Comme au Bolchoï, on invoqua l'omniprésence de la mafia se servant des tournées pour des trafics n'ayant pas grand-chose à voir avec les pas de deux. Face aux fortunes amassées au cours des tournées à l'étranger alors que l'État ne donnait pratiquement plus d'argent, les responsables du Mariinski, comme ceux du Bolchoï, ont perdu pied. Et le musée – autrefois vivant – de la danse s'est recouvert de poussière tandis que ses responsables se remplissaient les poches. Ces pratiques furent d'ailleurs au centre du débat qui déchira le Mariinski, face à un public russe atterré par ce qu'il avait découvert dans les journaux. Le directeur fut même accusé de collusion avec la secte Moon. Dans cette affaire, ne manquent ni les coups bas, ni les coups tout court, puisque des responsables, du Bolchoï comme du Mariinski, ont été à plusieurs reprises victimes d'agressions et de passages à tabac. Bref, dix ans après la fin du communisme, les deux théâtres ne parvenaient toujours pas à retrouver leur gloire passée.

Cependant il semble que le passage à vide de la troupe de Saint-Pétersbourg soit en passe de se terminer. Le Mariinski a récemment retrouvé son éclat d'antan, excellant dans les grands ballets du répertoire traditionnel, en attendant un nouveau Diaghilev...

CHRONOLOGIE DES BALLETS RUSSES

1872
31 mars – Naissance de Serge Diaghilev dans la province de Novgorod en Russie.

1880
25 avril – Naissance de Mikhaïl Fokine à Saint-Pétersbourg.
12 février – Naissance d'Anna Pavlova à Saint-Pétersbourg.
25 octobre – Naissance de Pablo Picasso.

1882
13 mai – Naissance du peintre Georges Braque.
17 juin – Naissance d'Igor Stravinsky.

1883
5 octobre – Naissance de Serge Grigoriev, régisseur de Diaghilev pendant vingt ans.

1885
Naissance d'Ida Rubinstein à Saint-Pétersbourg.
9 mars – Naissance de Tamara Karsavina à Saint-Pétersbourg.

1886
3 août – Naissance de Vera Fokina (née Antonova).

1889
5 juillet – Naissance de Jean Cocteau.
17 décembre – Naissance de Vaslav Nijinski à Kiev (selon son acte de baptême de Varsovie).

1891
8 janvier – Naissance de Bronislava Nijinska à Minsk.
21 octobre – Naissance de Lydia Lopoukhova.

1893
Naissance du peintre Joan Miró.

1895
8 août – Léonide Massine est à Moscou.

1904
3 janvier – Naissance de Boris Kochno.
22 janvier – Naissance de George Balanchine (Gueorgui Balanchivadze).
27 juillet – Naissance d'Anton Dolin.
20 novembre – Naissance d'Alexandra Danilova à Peterhof.

1905
2 avril – Naissance de Serge Lifar.

1906
Octobre – Exposition de l'Art russe. Salon d'automne, Grand Palais, 1re saison. Sous la présidence du grand-duc Vladimir.

1907
16-30 mai – 5 Concerts historiques russes. 2e saison, Th. de l'Opéra (16, 19, 23, 26, 30 mai).

1908
Mai-Juin – Opéra russe. 3e saison. Th. de l'Opéra.

19.V-4.VI	*Boris Godounov* (6 représentations, avec Chaliapine, 19, 21, 24, 31 mai ; 2, 4 juin).
5.VI	Concert avec le concours des Chœurs russes (dir. Avranek). Salle Gaveau.

1909
Mai-Juin – 4e saison russe. Th. du Châtelet.

18.V	Répétition générale publique : *Pavillon d'Armide* ; *Danses du prince Igor* ; *Le Festin.*
19, 21.V	*Pavillon d'Armide* ; *Danses du prince Igor* ; *Le Festin.*
23.V	Répétition générale publique : *Ivan le Terrible.*
25.V	*Pavillon d'Armide* ; *Danses du prince Igor* ; *Le Festin.*
26.V	*Ivan le Terrible.*

27.V	*Pavillon d'Armide* ; *Danses du prince Igor* ; *Le Festin.*
28.V	*Ivan le Terrible.*
29.V	*Pavillon d'Armide* ; *Danses du prince Igor* ; *Le Festin.*
2.VI	Répétition générale publique : *Les Sylphides* ; *Cléopâtre* ; *Rousslan et Ludmila.*
3.VI	*Ivan le Terrible.*
4.VI	*Les Sylphides* ; *Cléopâtre* ; *Rousslan.*
5.VI	*Ivan le Terrible.*
7.VI	*Pavillon d'Armide* ; *Le Festin* ; *Judith.*
8.VI	*Ivan le Terrible.*
9.VI	Concert de gala avec le concours des Chœurs russes du Th. impérial de Moscou.
10.VI	*Les Sylphides* ; *Cléopâtre* ; *Judith.*
11.VI	*Ivan le Terrible* ; *Le Festin.*
12.VI	*Les Sylphides* ; *Cléopâtre* ; *Rousslan.*
14.VI	*Pavillon d'Armide* ; *Danses du prince Igor* ; *Le Festin.*
15.VI	*Les Sylphides* ; *Cléopâtre* ; *Judith.*
16.VI	*Ivan le Terrible.*
17.VI	*Les Sylphides* ; *Danses du prince Igor* ; *Cléopâtre.*
18.VI	*Ivan le Terrible.*
19.VI	Représentation extraordinaire : Th . de l'Opéra. *Les Sylphides* ; *Le Festin* ; *Boris Godounov* (extr. A. II, III).
	Une représentation au Quai d'Orsay, en présence du président de la République : *Les Sylphides.*
	Une représentation chez le baron de Rothschild : *Les Sylphide*s.

1910

Juin – Saison russe (5e saison). Th. de l'Opéra.

4.VI	*Carnaval* ; *Shéhérazade* ; *Le Festin* ; *Danses du prince Igor.*
7, 9.VI	*Carnaval* ; *Shéhérazade* ; *Le Festin* ; *Danses du prince Igor.*
11.VI	*Les Sylphides* ; *Cléopâtre* ; *Shéhérazade.*
15.VI	Gala franco-russe, avec le concours des artistes de l'Opéra et des Ballets russes.
	B.R. : *Le Festin* ; *Danses du prince Igor.*
16.VI	*Les Sylphides* ; *Cléopâtre* ; *Shéhérazade.*
18.VI	*Cléopâtre* ; *Gisèle.*
20.VI	Gala France-Russie : B.R. : *Les Sylphides.*
23.VI	*Cléopâtre* ; *Giselle.*
25.VI	*Carnaval* ; *L' Oiseau de feu* ; *Les Orientales* ; *Danses du prince Igor.*
	Carnaval ; *L'Oiseau de feu* ; *Les Orientales.*
30.VI	*Carnaval* ; *L'Oiseau de feu* ; *Les Orientales.*

1911

Diaghilev forme une compagnie permanente.

Juin – 6e saison. Th. du Châtelet.

6.VI	*Carnaval* ; *Le Spectre de la rose* ; *Sadko.*
8, 10.VI	*Carnaval* ; *Narcisse* ; *Le Spectre de la rose* ; *Sadko.*
13.VI	*Petrouchka* ; *La Bataille de Kerjenetz* ; *Le Spectre de la rose* ; *Shéhérazade.*
15,16, 17.VI	*Petrouchka* ; *La Bataille de Kerjenetz* ; *Le Spectre de la rose* ; *Shéhérazade.*
Déc. –	Th. de l'Opéra.
24, 28.XII	*Carnaval* ; *Les Sylphides* ; *Le Spectre de la rose* ; *Shéhérazade.*
31.XII	*L'Oiseau d'or* ; *Les Sylphides* ; *Le Spectre de la rose* ; *Shéhérazade* ; *Danses du prince Igor.*

1912

Mai-Juin – 7e saison des Ballet russes. Th. du Châtelet.

13.V	*Le Dieu bleu* ; *L'Oiseau de feu* ; *Le Spectre de la rose* ; *Danses du prince Igor.*
15, 17, 18.V	*Le Dieu bleu* ; *L'Oiseau de feu* ; *Le Spectre de la rose* ; *Danses du prince Igor.*
20.V	*Thamar* ; *Carnaval* ; *Petrouchka* ; *Danses du prince Igor.*
22, 24, 25.V	*Thamar* ; *Carnaval* ; *Petrouchka* ; *Danses du prince Igor.*
29.V	*Après-midi d'un faune* ; *L' Oiseau de feu* ; *Le Spectre de la rose* ; *Thamar.*
1.VI	*Après-midi d'un faune* ; *L' Oiseau de feu* ; *Le Spectre de la rose* ; *Thamar.*
3.VI	*Après-midi d'un faune* ; *Thamar* ; *Le Spectre de la rose* ; *Petrouchka.*
5, 7.VI	*Après-midi d'un faune* ; *Le Dieu bleu* ; *Le Spectre de la rose* · *Shéhérazade.*
8, 10.VI	*Daphnis et Chloé* ; *Après-midi d'un faune* ; *Le Spectre de la rose* ; *Shéhérazade.*

1913

Mai-Juin – 8e saison des Ballets russes.
Th. des Champs-Élysées.

15.V	*L'Oiseau de feu* ; *Jeux* ; *Shéhérazade.*
17.V	*L'Oiseau de feu* ; *Après-midi d'un faune* ; *Danses du prince Igor* ; *Le Spectre de la rose.*
19.V	*L'Oiseau de feu* ; *Jeux* ; *Les Sylphides* ; *Danses du prince Igor.*
22.V	*Boris Godounov.*
23.V	*L'Oiseau de feu* ; *Après-midi d'un faune* ; *Shéhérazade* ; *Le Spectre de la rose.*
24.V	*Boris Godounov.*

26.V	*Shéhérazade* ; *Jeux* ; *Le Spectre de la rose* ; *Danses du prince Igor.*
27.V	*Boris Godounov.*
29.V	*Les Sylphides* ; *Le Sacre du printemps* ; *Le Spectre de la rose* ; *Danses du prince Igor.*
31.V	*Boris Godounov.*
1.VI	Gala au profit de la Société de charité maternelle de Paris, avec le concours des Ballets russes : *Les Sylphides* ; *Le Spectre de la rose.*
2.VI	*Les Sylphides* ; *Le Sacre du printemps* ; *Shéhérazade.*
3.VI	*Boris Godounov.*
4.VI	*Shéhérazade* ; *Le Sacre du printemps* ; *Le Spectre de la rose* ; *Danses du prince Igor.*
5.VI	*Khovantchina.*
6.VI	*Thamar. Le Sacre du printemps* ; *Les Sylphides.*
7.VI	*Khovantchina.*
8.VI	*Thamar* ; *Jeux* ; *Danses du prince Igor* ; *Carnaval.*
9.VI	*Khovantchina.*
10.VI	*Petrouchka* ; *Thamar* ; *Le Spectre de la rose* ; *Danses du prince Igor.*
12.VI	*Petrouchka* ; *Tragédie de Salomé* ; *Après-midi d'un faune* ; *Danses du prince Igor.*
13.VI	*Sacre du printemps* ; *Le Spectre de la rose* ; *Tragédie de Salomé* ; *Carnaval.*
14.VI	*Boris Godounov.*
16.VI	*Khovantchina.*
17.VI	*Petrouchka* ; *La Tragédie de Salomé* ; *Après-midi d'un faune* ; *Danses du prince Igor.*
18.VI	*Khovantchina.*
19.VI	*Daphnis et Chloé* ; *Carnaval* ; *Shéhérazade.*
20.VI	*Khovantchina.*
21.VI	*Daphnis et Chloé* ; *Tragédie de Salomé* ; *Le Spectre de la rose.*
23.VI	*Daphnis et Chloé* ; *Après-midi d'un faune* ; *Le Spectre de la rose* ; *Danses du prince Igor.*

1914

Mai–Juin – 9e saison russe. Th. de l'Opéra.

14.V	*Papillons* ; *La Légende de Joseph* ; *Shéhérazade.*
17, 19.V	*Papillons* ; *La Légende de Joseph* ; *Shéhérazade.*
21.V	*Petrouchka* ; *La Légende de Joseph* ; *Shéhérazade.*
24.V	*Le Coq d'or* ; *Petrouchka.*
26, 28.V	*Le Rossignol* ; *Le Coq d'or.*
2.VI	*Midas* ; *Cléopâtre* ; *Petrouchka.*
4, 6.VI	*La Légende de Joseph* ; *Midas* ; *Cléopâtre.*

1915

29.XII Théâtre de l'Opéra – Représentation russe au bénéfice de la Croix-Rouge britannique :
Shéhérazade ; *L'Oiseau de feu* ; *La Princesse enchantée* ; *Soleil de nuit* ; *Danses du prince Igor.*
Mélodies russes chantées par F. Litvinne ; *Le Pouvoir* (3e partie de la Suite d'Antar, pour orchestre seul).

1917

Mai – 10e saison russe. Th. du Châtelet.

11.V *L'Oiseau de feu* ; *Les Femmes de bonne humeur* ; *Contes russes* ; *Danses du prince Igor.*

14, 16.V *L'Oiseau de feu* ; *Les Femmes de bonne humeur* ; *Contes russes* ; *Danses du prince Igor.*

18.V *Les Sylphides* ; *Parade* ; *Soleil de nuit* ; *Petrouchka.*

21, 23.V *Petrouchka* ; *Les Femmes de bonne humeur* ; *Parade* ; *Soleil de nuit.*

25, 26.V *Petrouchka* ; *Parade* ; *les Femmes de bonne humeur* ; *Las Meninas.*

1919-1920

Déc.-Fév. – 11e saison russe . Th. de l'Opéra.

24.XII *Petrouchka* ; *La Boutique fantasque* ; *Danses du prince Igor.*

27.XII *Carnaval* ; *Les Femmes de bonne humeur* ; *Danses du prince Igor.*

30.XII *Les Femmes de bonne humeur* ; *La Boutique fantasque* ; *Soleil de nuit.*

20.I *Carnaval* ; *Contes russes* ; *Les Femmes de bonne humeur.*

22.I *Petrouchka* ; *La Boutique fantasque* ; *Soleil de nuit.*

23.I *Papillons* ; *Le Tricorne* ; *Contes russes.*

25.I *Thamar* ; *La Boutique fantasque* ; *Danses du prince Igor.*

27.I *Petrouchka* ; *Le Tricorne* ; *Les Femmes de bonne humeur.*

29.I *Papillons* ; *La Boutique fantasque* ; *Soleil de nuit.*

31.II *Carnaval* ; *Le Tricorne* ; *Danses du prince Igor.*

2.II *Thamar* ; *Le Chant du rossignol* ; *Contes russes.*

3.II *Les Sylphides* ; *Le Tricorne* ; *Soleil de nuit.*

5.II *Petrouchka* ; *Le Chant du rossignol* ; *Les Femmes de bonne humeur.*

7.II *Les Sylphides* ; *Le Chant du rossignol* ; *Contes russes.*

10, 16.II *La Boutique fantasque* ; *Le Chant du rossignol* ; *Le Tricorne.*

1920

Mai-Juin – 12e saison russe. Th. de l'Opéra

4.V Soirée de gala au profit des Russes réfugiés en France : *Marche solennelle* de Tchaïkovski ; chœurs russes ; *Les Sylphides* ; *Shéhérazade. La Nuit de mai*, d'A. de Musset, avec le concours de Sarah Bernhardt et d'Ida Rubinstein ; *Taglioni chez Musette*, avec les artistes de l'Opéra de Paris.

8.V *Les Sylphides* ; *Les Femmes de bonne humeur* ; *Petrouchka.*

11.V *Les Femmes de bonne humeur* ; *Le Chant du rossignol* ; *Shéhérazade.*

13.V *La Boutique fantasque* ; *Le Tricorne* ; *Danses du prince Igor.*

15.V *Contes russes* ; *Pulcinella* ; *Soleil de nuit.*

17.V *Les Sylphides* ; *Pulcinella* ; *Shéhérazade.*

18.V *Pulcinella* ; *Le Chant du rossignol* ; *Petrouchka.*

20.V *La Boutique fantasque* ; *Pulcinella* ; *Le Tricorne.*

22.V *Petrouchka* ; *L'Oiseau de feu* ; *Danses du Prince lgor.*

25.V *Contes russes* ; *Pulcinella* ; *Danses du prince Igor.*

26.V *Les Sylphides* ; *L'Oiseau de feu* ; *Shéhérazade.*

27.V *Astuce féminine* ; *Danses du prince Igor.*

29.V *Astuce féminine* ; *Le Tricorne.*

30.V En matinée : *Les Femmes de bonne humeur* ; *Parade* ; *La Boutique fantasque.*

31.V Spectacle composite : Ballets russes : *Shéhérazade.*

1.VI *Astuce féminine* ; *Petrouchka.*

2.VI *Astuce féminine* ; *La Boutique fantasque.*

3.VI Gala de bienfaisance : Ballets russes : *Shéhérazade.*

4.VI *Astuce féminine* ; *L'Oiseau de feu.*

Déc. – 13e saison. Th. des Champs-Élysées.

14.XII Répétition générale publique : *Les Sylphides* ; *Le Sacre du printemps* ; *Le Tricorne.*

15.XII *Les Sylphides* ; *Le Sacre du printemps* ; *Le Tricorne.*

16.XII *Les Femmes de bonne humeur* ; *Le Sacre du printemps* ; *Shéhérazade.*

18.XII *Les Sylphides* ; *Le Sacre du printemps* ; *Danses du prince Igor.*

19.XII *Shéhérazade* ; *Petrouchka* ; *Les Femmes de bonne humeur.*

21.XII *Parade* ; *Pulcinella* ; *Le Tricorne.*

22.XII *Contes russes* ; *Le Sacre du printemps* ; *Petrouchka.*

24.XII *Les Sylphides* ; *Parade* ; *Danses du prince Igor* ; *Shéhérazade.*

25.XII *Le Sacre du printemps* ; *Petrouchka* ; *Pulcinella.*

27.XII *Les Femmes de bonne humeur* ; *Le Sacre du Printemps* ; *Le Tricorne.*

1921

Mai – 14e saison russe. – Th. Gaîté-Lyrique.

17,18.V *L'Oiseau de feu* ; *Danses du prince Igor* ; *Cuadro flamenco* ; *Chout.*

19.V *Le Tricorne* ; *Parade* ; *Cuadro flamenco* ; *Petrouchka.*

20.V *Les Sylphides* ; *Chout* ; *Cuadro flamenco* ; *Danses du prince Igor.*

21 .V *Le Tricorne* ; *Parade* ; *Cuadro flamenco* ; *Petrouchka.*

22.V *L'Oiseau de feu* ; *Chout* ; *Cuadro flamenco* ; *Danses du prince Igor.*

23.V *L'Oiseau de feu* ; *Petrouchka* ; *Le Sacre du printemps.*

1922

Mai-Juin – 15e saison. Th. de l'Opéra.

18.V *Carnaval* ; *Le Mariage de la Belle au bois dormant* ; *Renard* ; *Danses du prince Igor.*

20.V *Carnaval* ; *Le Spectre de la rose* ; *Renard* ; *Petrouchka.*

22.V *Petrouchka* ; *Le Mariage de la Belle au bois dormant* ; *Danses du prince Igor.*

23.V *Le Mariage de la Belle au bois dormant* ; *Après-midi d'un faune* ; *Renard* ; *Soleil de nuit.*

25.V *Carnaval* ; *Le Mariage de la Belle au bois dormant.* En matinée : *Le Spectre de la rose* ; *Danses du prince Igor.*

27.V *Petrouchka* ; *Le Sacre du printemps* ; *Après-midi d'un faune* ; *Soleil de nuit.*

29.V 1re audition de *Mavra* à l'Hôtel Continental.

31.V *Le Mariage de la Belle au bois dormant* ; *Après-midi d'un faune* ; *Le Spectre de la rose* ; *Shéhérazade.*

1.VI *Carnaval* ; *Le Mariage de la Belle au bois dormant* ; *Renard* ; *Danses du prince Igor.*

2.VI *Contes russes* ; *Le Mariage de la Belle au bois dormant* ; *Petrouchka.*

3.VI *Le Sacre du printemps* ; *Mavra* ; *Petrouchka.*

6.VI *Contes russes* ; *Mavra* ; *Renard* ; *Danses du prince Igor.*

7.VI *Carnaval* ; *Mavra* ; *Shéhérazade.*

8.VI *Petrouchka* ; *Après-midi d'un faune* ; *Le Spectre de la rose* ; *Mavra.*

9.VI *Le Mariage de la Belle au bois dormant* ; *Mavra* ; *Shéhérazade.*

12.VI *Contes russes* ; *Mavra* ; *Petrouchka.*

13.VI *Le Sacre du printemps* ; *Mavra* ; *Le Mariage de la Belle au bois dormant.*

Juin-Juil. – Th. Mogador.

17.VI *Les Sylphides* ; *Les Femmes de bonne humeur* ; *Après-midi d'un faune* ; *Shéhérazade.*

18.VI *Carnaval* ; *Le Mariage de la Belle au bois dormant* ; *Le Spectre de la rose* ; *Danses du prince Igor.*
20.VI *Les Sylphides* ; *Chout* ; *Après-midi d'un faune* ; *Shéhérazade.*
21.VI *Petrouchka* ; *Carnaval* ; *Contes russes.*
22.VI *Le Mariage de la Belle au bois dormant* ; *Chout* ; *Shéhérazade.*
23.VI *Contes russes* ; *Les Femmes de bonne humeur* ; *Après-midi d'un faune* ; *Petrouchka.*
24.VI *Le Mariage de la Belle au bois dormant* ; *Chout* ; *Le Spectre de la rose* ; *Danses du prince Igor.*
25.VI *Petrouchka* ; *Chout* ; *Après-midi d'un faune* ; *Shéhérazade.*
27.VI Gala au bénéfice du Comité de secours aux écrivains et savants russes en France avec le concours de Karsavina : *Les Femmes de bonne humeur* ; *Les Sylphides* ; *Le Spectre de la rose* ; *Shéhérazade.*
28.VI *Petrouchka* ; *Le Spectre de la rose* ; *Chout* ; *Danses du prince Igor.*
29.VI *Les Femmes de bonne humeur* ; *Carnaval* ; *Après-midi d'un faune* ; *Shéhérazade.*
30.VI *Les Femmes de bonne humeur* ; *Le Mariage de la Belle au bois dormant* ; *Les Sylphides.*
1.VII *Petrouchka* ; *Chout* ; *Après-midi d'un faune* ; *Shéhérazade.*

1923

Juin – 16e saison – Th. Gaîté-Lyrique.

13.VI *Danses du prince Igor* ; *Petrouchka* ; *Noces.*
14.VI *Contes russes* ; *Noces* ; *Pulcinella.*
15.VI *Le Sacre du printemps* ; *Noces* ; *Petrouchka.*
16.VI *Chout* ; *Noces* ; *Parade* ; *Danses du prince Igor.*
18.VI *Contes russes* ; *Noces* ; *Petrouchka.*
19.VI *Chout* ; *Noces* ; *Pulcinella.*
20.VI *Le Sacre du printemps* ; *Noces* ; *Parade* ; *Danses du prince Igor.*
21.VI *Pulcinella* ; *Noces* ; *Petrouchka.*

1924

Mai-Juin – 17e saison Th. des Champs-Élysées.

Dans le cadre de la Grande Saison d'art de la Ville Olympique :

26.V *Les Tentations de la Bergère* ; *Noces* ; *Les Biches.*
28.V Gala de la Croix-Rouge, aux Magasins du Printemps avec le concours des Ballets russes : extraits de *La Belle au bois dormant* ; *Casse-Noisette* ; *Le Lac des cygnes.*
4.VI *Les Fâcheux* ; *Noces* ; *Petrouchka.*
6.VI *Les Tentations de la bergère* ; *Les Biches* ; *Pulcinella.*

11.VI	*Noces ; Les Biches ; Danses du prince Igor.*
13.VI	*Une éducation manquée ; Les Facheux ; Le Sacre du printemps.*
20.VI	*Une éducation manquée ; Le Train bleu ; Petrouchka.*
22.VI	*Parade ; Les Fâcheux ; Le Train bleu ; Les Biches.*
25.VI	*Noces ; Les Biches ; Pulcinella.*
27.VI	*Cimarosiana ; Parade ; Le Train bleu ; Les Tentations de la Bergère.*
28.VI	*Le Sacre du printemps ; Pulcinella ; Noces.*
29.VI	*Une éducation manquée ; Les Fâcheux ; Cimarosiana ; Petrouchka.*
30.VI	*Les Tentations de la bergère ; Noces ; Le Train bleu ; Danses du prince Igor.*

1925

Juin – 18e saison. Th. Gaîté-Lyrique.

15.VI	*Pulcinella ; Zéphyr et Flore ; La Boutique fantasque.*
16.VI	*Les Fâcheux ; Zéphyr et Flore ; Le Train bleu.*
17.VI	*Le Chant du rossignol ; Les Matelots ; Les Biches.*
18.VI	*Pulcinella ; Les Matelots ; La Boutique fantasque.*
19.VI	Représentation de gala au profit de l'Union française pour la Belgique et les pays alliés : *Le Chant du rossignol ; Zéphyr et Flore ; Les Biches.*
20.VI	*Les Fâcheux ; Zéphyr et Flore ; Les Matelots ; Le Train bleu.*

1926

Mai-Juin – 19e saison. Th. Sarah-Bernhardt.

18.V	*Pulcinella ; Roméo et Juliette ; Les Matelots.*
20.V	*Petrouchka ; Roméo et Juliette ; Les Biches.*
25.V	*Les Sylphides ; Barabau ; Les Matelots.*
27.V	*Zéphyr et Flore ; Roméo et Juliette ; Pulcinella.*
29.V	*Petrouchka ; La Pastorale ; Les Biches.*
30.V	*Barabau ; Noces ; Les Sylphides.*
1 .VI	*Zéphyr et Flore ; Pastorale ; Les Matelots.*
3.VI	*Noces ; Parade ; Jack in the box ; Petrouchka.*
5.VI	*Zéphyr et Flore ; Noces ; Les Biches.*
6.VI	*Pulcinella ; Pastorale ; Noces.*
8.VI	*Barabau ; Parade ; Jack in the box ; Les Sylphides.*
10.VI	*Zéphyr et Flore ; Roméo et Juliette ; Les Matelots.*
11.VI	*Petrouchka ; Barabau ; Jack in the box ; Les Sylphides.*

1927

Mai-Juin – 20e saison. – Th. Sarah-Bernhardt.

27.V	*Ouverture* de V. Rieti ; *Le Triomphe de Neptune ; La Chatte ; L'Oiseau de feu.*

28.V *Roméo et Juliette* ; *Les Fâcheux* ; *La Chatte* ; *Danses du prince Igor.*
30.V *L'Oiseau de feu* ; *Œdipe-Roi.*
31.V *Le Triomphe de Neptune* ; *La Chatte* ; *Les Matelots* ; *Danses du prince Igor.*
1, 2.VI *L'Oiseau de feu* ; *Œdipe-Roi* ; *Mercure.*
3.VI *L'Oiseau de feu* ; *Œdipe-Roi* ; *Danses du prince Igor.*
7.VI *Les Fâcheux* ; *Le Pas d'acier* ; *Le Triomphe de Neptune.*
8.VI *Le Pas d'acier* ; *Mercure* ; *La Chatte* ; *Les Matelots.*
9.VI *Le Pas d'acier* ; *Roméo et Juliette* ; *Le Triomphe de Neptune.*
10.VI *Roméo et Juliette* ; *Les Matelots* ; *La Chatte* ; *Danses du prince Igor.*
11.VI *Le Pas d'acier* ; *L'Oiseau de feu* ; *Mercure* ; *Danses du prince Igor.*

Déc. – Th. de l'Opéra.
27.XII *Le Pas d'acier* ; *La Chatte* ; *L'Oiseau de feu.*
29.XII *L'Oiseau de feu* ; *La Chatte* ; *Après-midi d'un faune* ; *Danses du prince Igor.*

1928

Juin – 21e saison. Th. Sarah-Bernhardt.
6.VI *Le Pas d'acier* ; *Ode* ; *Noces.*
7.VI *Le Pas d'acier* ; *Après-midi d'un faune* ; *Ode* ; *Soleil de nuit.*
8.VI *Noces* ; *La Chatte* ; *L'Oiseau de feu.*
12.VI *Pulcinella* ; *Apollon musagète* ; *Barabau.*
13.VI *Ode* ; *Apollon musagète* ; *La Chatte* ; *Danses du prince Igor.*
14.VI *Le Pas d'acier* ; *Apollon musagète* ; *Barabau.*
15.VI *Noces* ; *La Chatte* ; *Ode* ; *Soleil de nuit.*
19.VI *Pulcinella* ; *Apollon musagète* ; *L'Oiseau de feu.*
20.VI *Noces* ; *Ode* ; *Après-midi d'un faune* ; *Barabau.*
21.VI *Le Pas d'acier* ; *La Chatte* ; *Apollon musagète* ; *Soleil de nuit.*
22.VI *Noces* ; *Pulcinella* ; *Ode* ; *Danses du prince Igor.*
23.VI *La Chatte* ; *Apollon musagète* ; *Après-midi d'un faune* ; *Soleil de nuit.*

Déc. – Th. de l'Opéra.
20.XII *Le Chant du rossignol* ; *Les Dieux mendiants* ; *La Chatte* ; *Soleil de nuit.*
24.XII *L'Oiseau de feu* ; *Apollon musagète* ; *Petrouchka.*
27.XII *Le Chant du rossignol* ; *Les Dieux mendiants* ; *Petrouchka.*
31.XII *L'Oiseau de feu* ; *Apollon musagète* ; *La Chatte* ; *Les Dieux mendiants.*

1929

Mai-Juin – 22e saison. Th. Sarah-Bernhardt.
21.V *Les Fâcheux* ; *Renard* ; *Le Fils prodigue* ; *Danses du prince Igor.*
22.V *Le Pas d'acier* ; *Apollon musagète* ; *Les Dieux mendiants.*

23.V	*Petrouchka* ; *Le Fils prodigue* ; *La Chatte* ; *Baba Yaga.*
24.V	*Les Fâcheux* ; *Apollon musagète* ; *Renard* ; *Danses du prince Igor.*
28.V	*Le Pas d'acier* ; *La Chatte* ; *Les Dieux mendiants* ; *Le Bal.*
29.V	*Les Dieux mendiants* ; *Le Fils prodigue* ; *Pastorale* ; *Danses du prince Igor.*
30.V	*Le Pas d'acier ; Après-midi d'un faune* ; *Renard* ; *Le Bal.*
31.V	*Après-midi d'un faune* ; *Le Fils prodigue* ; *Petrouchka* ; *Les Dieux mendiants.*
4.VI	*Apollon musagète* ; *Le Fils prodigue* ; *Pastorale* ; *Baba Yaga.*
5.VI	*Petrouchka* ; *Le Bal* ; *La Chatte* ; *Danse du prince Igor.*
6.VI	*Petrouchka* ; *Le Fils prodigue* ; *Pastorale* ; *Baba Yaga.*
7.VI	*Les Dieux mendiants* ; *Après-midi d'un faune* ; *Renard* ; *Le Bal.*
11.VI	*Petrouchka* ; *Apollon musagète* ; *La Chatte* ; *Baba Yaga.*
12.VI	*Le Bal* ; *Le Fils prodigue* ; *Renard* ; *Danses du prince Igor.*

19 août – Mort de Serge Diaghilev à Venise.

1932

Sous l'égide du Théâtre de Monte-Garlo, fut constituée la première compagnie des Ballets russes de Monte-Carlo, dirigée par René Blum, attaché au théâtre de la principauté, et Wassili de Basil, connu sous le nom de colonel de Basil, ancien officier de l'armée impériale russe. La nouvelle troupe tenta de renouer avec la tradition de Diaghilev et réunit les meilleurs éléments de l'ancienne compagnie : Léonide Massine, George Balanchine, auxquels vinrent s'adjoindre Tamara Toumanova, Irina Baronova, Tatania Riabouchinska, jeunes danseuses âgées de quinze ans. Elles possédaient déjà une technique éprouvée, et leur virtuosité précoce, leur fraîcheur séduisaient le public. Mais les deux étoiles de la compagnie étaient sans conteste David Lichine et Alexandra Danilova.

1934

5 avril-9 mai – Les Ballets russes de Monte-Carlo se divisent en deux groupes. Dans le nouveau groupe, Serge Grigoriev est régisseur avec Bronislava Nijinska comme chorégraphe.
25 septembre – Les Ballets russes de Monte-Carlo présentent leur première saison au Mexique.
25 octobre – Les Ballets russes de Monte-Carlo commencent une tournée au Canada.

1935

Les Ballets russes de Monte-Carlo font des tournées aux États-Unis, en Espagne, à Cuba, au Canada et se produisent à Londres.

1936
Les Ballets russes de Monte-Carlo présentent leurs productions à New York, Barcelone, Londres, Berlin, et au Canada.
René Blum fonde les Ballets de Monte-Carlo avec Michel Fokine comme maître de ballet et chorégraphe.
1942
30 avril – Mort de René Blum à Auschwitz.
22 août – Mort de Michel Fokine à New York.

1950
8 avril – Mort de Vaslav Nijinski à Londres.

1971
6 avril – Mort d'Igor Stravinsky.

1972
22 février – Mort de Bronislava Nijinska.

1973
8 avril – Mort de Pablo Picasso.

1978
26 mai – Mort de Tamara Karsavina.

1979
15 mars – Mort de Léonide Massine.

1983
30 avril – Mort de George Balanchine (Gueorgui Balanchivadze).
25 novembre – Mort d'Anton Dolin.

1986
15 décembre – Mort de Serge Lifar.

C.B.P.T.
Bibliothèque des Pommaries
13 A rue des Pommaries
74940 Annecy le Vieux

BIBLIOGRAPHIE

ABRAHAM, Gérald, et CALVOCORESSI, M.D., *Masters of Russian Music*, Duckworth, Londres, 1936.

ACTON, Harold, *Memoirs of an Aesthete*, Methuen, Londres, 1948.

ANSERMET, Ernest, *Écrits sur la musique*, Baconnière, Neuchâtel, 1971.

ARMITAGE, Merle, *Accent on Life*, Iowa State University, 1965.

ASTRUC, Gabriel, *Le Pavillon des fantômes*, Grasset, Paris, 1929.

« Le premier feu d'artifice », *La Revue musicale*, 1er décembre 1930 (Paris).

Ballet (magazine), éd. Richard Buckle, Londres, 1939-1953.

BARBIER, Georges, et MIOMANDRE, Francis de, *Nijinsky*, Bernouard, Paris, 1912.

BARON, Wendy, *Miss Ethel Sands and Her Circle*, Peter Owen, Londres, 1977.

BEATON, Cecil, *Diaries 1922-1939 : The Wandering Years*, Weidenfeld, Londres ; Brown & Co., Boston, 1961.

BEAUMONT, Cyril, *The Complete Book of Ballets*, Putnam, Londres, 1937 ; éd. rév., 1949, 1951.

Id., The Diaghilev Ballet in Londres, Putnam, Londres, 1940.

Id., Michel Fokine and his Ballets, Beaumont, Londres, 1935.

Id., Vaslav Njinsky, Beaumont, Londres, 1932.

BEDELLS, Phyllis, *My Dancing Days*, Phoenix House, Londres, 1954.

BEECHAM, Thomas, *A Mingled Chime : Leaves from an Autobiography*, White Lion, Londres, 1973.

Bennett, Arnold, The journals of Arnold Bennett, 1911-1921, éd. par Newman Flower, Cassell, Londres, 1932.

BENOIS, Alexandre, *Early Memories of Diaghilev, introduction to the catalogue of the Diaghilev Exhibition*, 1954.

Id., Memoirs, vol. I, Chatto, Londres, 1964.

Id., Memoirs, vol. II, Chatto, Londres, 1964.

Id., Reminiscences of the Russian Ballet, Putnam, Londres, 1941.

BENSON, E.F., *As We Were*, Longmans, Londres, 1930 ; Penguin, Harmondsworth, 1938.

BOTT, Francois, *Radiguet*, Flammarion, Paris, 1975.

CHARLES-ROUX, Edmonde, *L'Irrégulière*, Grasset, Paris, 1974.

DUKELSKY, Vladimir, *Passport to Paris*, Little Brown, Boston, 1955.
DUNCAN, Isadora, *My Life*, Gollancz, Londres, 1928 ; Sphere, Londres, 1968.
ENTE (Roman de Tirtoff), *Things I Remember*, Owen, Londres, 1975.
FOKINE, Michel, *Against the Tide*, Isskousvo, Leningrad et Moscou, 1962.
Id., Memoirs of a Ballet Master, translated by Vitale Fokine ; edited by Anatole Chujoy,
Id., Little Brown, Boston, 1961 ; Constable, Londres, 1961.
GEVA TAMARA, *Split Seconds*, Harper & Row, New York and Londres, 1972.
GOOSENS, Eugène, *Overture and Beginners*, Methuen, Londres, 1951.
GRABAR I. E., *My Life*, Iskusskvo, Moscou et Leningrad, 1937.
GRIGORIEV, S. L., *The Diaghilev Ballet 1909-1929*, Constable, Londres, 1953 ; Penguin, Londres, 1960.
GUEST Ivor, *Adeline Genée*, A. & C. Black, Londres, 1958.
HAHN, Reynaldo, *Notes : Journal d'un musicien*, Plon, Paris, 1933.
HASKELL, Arnold, *Balletomania*, Gollancz, Londres, 1934.
HOFMANNSTHAL, Hugo von, et STRAUSS, Richard, *Correspondence between Richard Strauss and Hugo von Hofmannsthal*, Collins, Londres, 1961.
HUGO, Jean, *Avant d'oublier*, Fayard, Paris, 1976.
IKONNIKOV, *Noblesse Russe*, Paris, 1957.
Ejegodnik Imperatorskih Teatrov, Saint-Pétersbourg, 1901-1909.
INGHELBRECHT, D. E., *The Conductor's World*, P. Nevill, Londres et New York, 1953.
JANKÉLÉVITCH, Vladimir, *Maurice Ravel*, Le Seuil, Paris, 1995.
JOHNSON, A. E., *The Russian Ballet*, Constable, Londres, 1913.
JONES, ROBERT EDMOND, « Nijinsky and Till Eulenspiegel », *Dance Index*, Vol. IV, 4, April 1945 (New York).
KAHNWEILER, Daniel, *Juan Gris : His Life and Work*, Lund Humphries, Londres, 1947.
KARSAVINA, Tamara, *Theatre Street*, Heinemann, Londres, 1930 ; éd. rév., Constable, Londres, 1948 ; Dutton, New York, 1961.
KCHESSINSKAYA, M. F., *Dancing in St Petersburg*, Gollancz, Londres, 1960.
KENNET, Lady (Kathleen Scott), *Self-portrait of an Artist*, Murray, Londres, 1949.
KESSLER, Count Harry, *The Diaries of a Cosmopolitan*, trad. et éd. par Charles Kessler, Weidenfeld, Londres, 1971.
KHAN, Aga, *The Memoirs of Aga Khan*, Cassell/Constable, Londres, 1954.
KIRSTEIN, Lincoln, *Fokine*, British-Continental Press, Londres, 1934.
Three Pamphlets Collected, Dance Horizons, New York, 1967.
KOCHNO, Boris, Diaghilev and the Ballets russes, Harper & Row, NewYork, 1970 ; Allen Lane/Penguin Press, Londres, 1971.
Id., Le Ballet, Hachette, Paris, 1954.
Kyasht, Lydia, *Romantic Recollections*, éd. par Erica Beale, Londres, 1929.
LAMBERT, Constant, *Music Ho !*, Faber, Londres, 1934.

LEGAT, Nicolas, *Ballets russes*, Methuen, Lononn, 1939.
LIFAR, Serge, *Serge Diaghilev*, Éditions du Rocher 1940.
Id., Ma Vie, Hutchinson, Londres, 1970.
LOGUINE, Tatiana (dir.), *Gontcharova et Larionov*, Paris, 1971.
MACDONALD, Nesta, *Diaghilev Observed*, Dance Horizons New York Dance Books, Londres, 1975.
MALEVITCH, Kasimir, *Izbrannie pronzdénia*, Moskovski Rabotchi, 1927.
MANUEL, Roland, *Maurice Ravel*, Londres, 1947.
MASSINE, Leonide, *My Life in Ballet*, Macmillan, Londres, 1968.
MELBA, Nellie, *Melodies anti Memories*, Butterworth, Londres, 1925.
MILHAUD, Darius, *Notes Without Music*,.Dobson, Londres, 1952.
MIR ISSKOUTSVA, 12 volumes, Saint-Pétersbourg, 1899-1904.
MORAND, Paul, *Journal d'un attaché d'ambassade*, La Table ronde, Paris, 1949.
Id., L'Allure de Chanel, Hermann, Paris, 1976.
MORRELL, Lady OTTOLINE, *Ottoline*, Dobson Londres, 1963.
MOSSOLOV, A. A., *At the Court of the Last Tsar*, Methuen, Londres, 1935.
NABOKOV, Nicolas, *Bagazh*, Atheneum, New York, 1975.
NIJINSKY, Romola, *The Last Days of Nijinsky*, Penguin, Sphere, Londres, 1970.
NIJINSKY, Vaslav, *The Diary of Vaslav Nijinsky*, Gollancz, Londres, 1937.
NIKITINA, Alice, *Nikitina*, trad. par Moura Budberg, Allan Wingate, Londres, 1959.
PAINTER, G. D., *Marcel Proust*, Chatto, Londres, 1965.
PLISSETSKAÏA, Maya, *Vospominania*, Isskoustvo, Moscou, 1974.
POLIGNAC, princesse de, « Memoirs » *Horizon*, vol. XII, n° 68, août 1945.
POLUNIN, Vladimir, *The Continental Method of Scene painting*, Beaumont, Londres,1927.
POULENC, Francis, *Correspondance, 1915-1963*, edited by Hélène de Wendel, préface D. Milhaud, Éditions du Seuil, Paris, 1967.
PROPERT, W. A., *The Russian Ballet in Western Europe, 1909-1920,* Bodley Head, Londres, 1921.
Id., The Russian Ballet, 1921-1929, Bodley Head, Londres, 1931.
PROUST, Marcel, *Lettres à Reynaldo Hahn*, edited by Philippe Kolb, Paris, 1956.
RAMBERT, Marie, *Quicksilver*, Macmillan, Londres, 1972.
RAMUZ, C.-F., *Souvenirs sur I. Stravinski,* Gallimard, Paris, 1929.
REISS, Françoise, *Nijinsky*, A. & C. Black, Londres, 1960.
RENOIR, Jean, *Renoir, My Father*, Collins, Londres, 1962.
RICKETTS, Charles, *Self Portrait*, éd. par Cecil Lewis, Peter Davies, Londres, 1939.
RIMSKI-KORSAKOV, N. A., *My Musical Life*, trad. par J. A. Joffe, edited by Carl van Vechten, Secker, Londres, 1974.

RIVIÈRE, Jacques, « Le Sacre du printemps », *La Nouvelle Revue Française*, novembre 1913.
ROSENTHAL, Harold, *Two Centuries of Opera at Covent Garden*, Putnam, Londres, 1958.
RZWESKY, Fr. O. P., *À travers l'invisible cristal*, Plon, Paris, 1976.
SANDOZ, Maurice, *The Crystal Saint Cellar*, Guindford Press, Londres, 1954.
SEROV, Victor, *Sergei Prokofiev*, Leslie Frewin, Londres, 1969 ; Readers Digest, New York, 1968.
SERT, Missia, *Two or Three Muses*, Museum Press, Londres, 1953.
SETON-WATSON, Hugh, *The Decline of Imperial Russia, 1855-1914*, Methuen, Londres, 1952.
SHEAD, Richard, *Constant Lambert, with a Memoir by Anthony Powell,* Simon Publications, Londres, 1973.
SITWELL, Osbert, *Great Morning*, Macmillan, Londres, 1948.
Id., Laughter in the Next Room, Macmillan, Londres, 1949.
SLONIMSKY, Yuri, « Marius Petipa », éd. par Anatole Chujoy, *Dance Index*, vol. VI, 6, mai-juin 1947 (New York).
SOKOLOVA, Lydia, *Dancing for Diaghilev*, éd. par Richard Buckle, Murray, Londres, 1960.
SOTHEBY PARKE-BERNET, *Catalogues of sales of material relating to the Diaghilev Ballet : 1 October 1963 ; 27 May 1964 ; 13 June 1967 ; 16, 17 and 18 July 1968 ; 9 and 10 July 1969 ; 16 December 1969.*
TEEGMULLER Francis, *Cocteau*, Macmillan, Londres, 1970.
STRAVINSKY, Igor, *Chronique de ma vie*, Denoël et Steele, Paris, 1935.
Tamara Karsavina, éd. par Cyril Beaumont, Beaumont, 1922.
TENISHEV, Princess, *Impressions of My Life*, Paris, 1933.
TERRY, Ellen, *The Russian Ballet*, Sidgwick , Londres, 1973.
TYLER, Parker, *The Divine Comedy of Pavel Tchelitchew*, Fleet Publishing, New York, 1967.
VAUDOYER, Jean-Louis, « Variations sur les Ballets russes », *La Revue de Paris*, juillet 1910.
VAUGHAN, David, « Pavlova's American Beauty », *Ballet Revew*, vol 3, 1969 (New York).
WILDE, Oscar, *The Letters of Oscar Wilde*, éd. par Davis, Londres, 1962.
Impressions of America, éd. par Stuart Mason, Keystone -Press, Sunderland, 1906.
WOLKONSKY, prince Serge, *My Reminiscences*, 2 vol., Hutchinson, Londres, 1925.

REMERCIEMENTS

Je voudrais exprimer ma profonde gratitude à Isabelle de Tredern qui m'a une fois encore accompagné dans ce travail.

Mes remerciements vont aussi à mon éditeur Jean-Paul Bertrand et ses collaborateurs qui m'ont accordé leur confiance et leur bienveillance.

Je tiens tout particulièrement à remercier les collaborateurs des Archives d'État de la Fédération de Russie qui m'ont permis d'utiliser leurs fonds.

TABLE

Impression réalisée sur CAMERON par

BUSSIÈRE CAMEDAN IMPRIMERIES

GROUPE CPI

à Saint-Amand-Montrond (Cher)
en janvier 2002